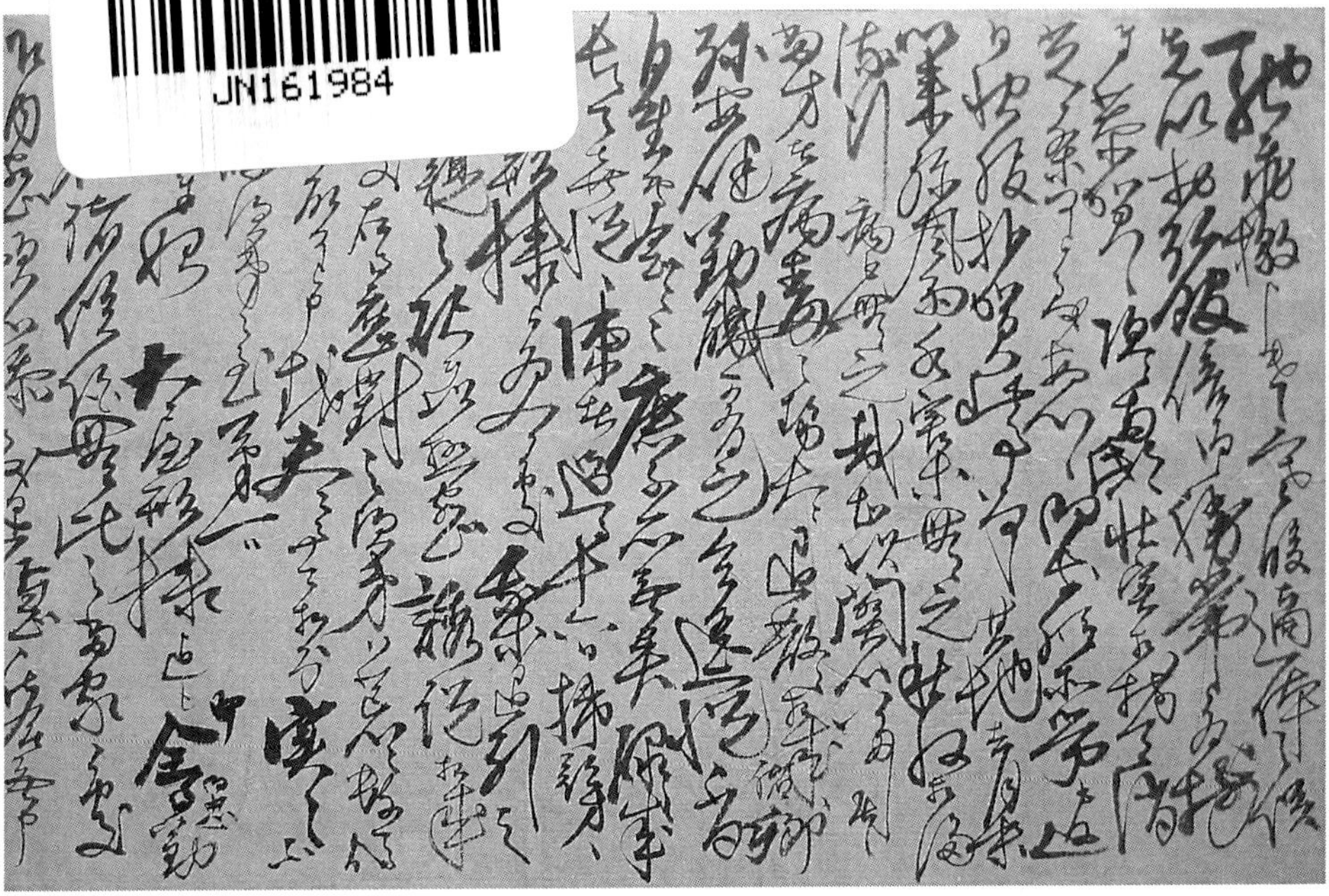

「御退隠之件」原本（冒頭部分）

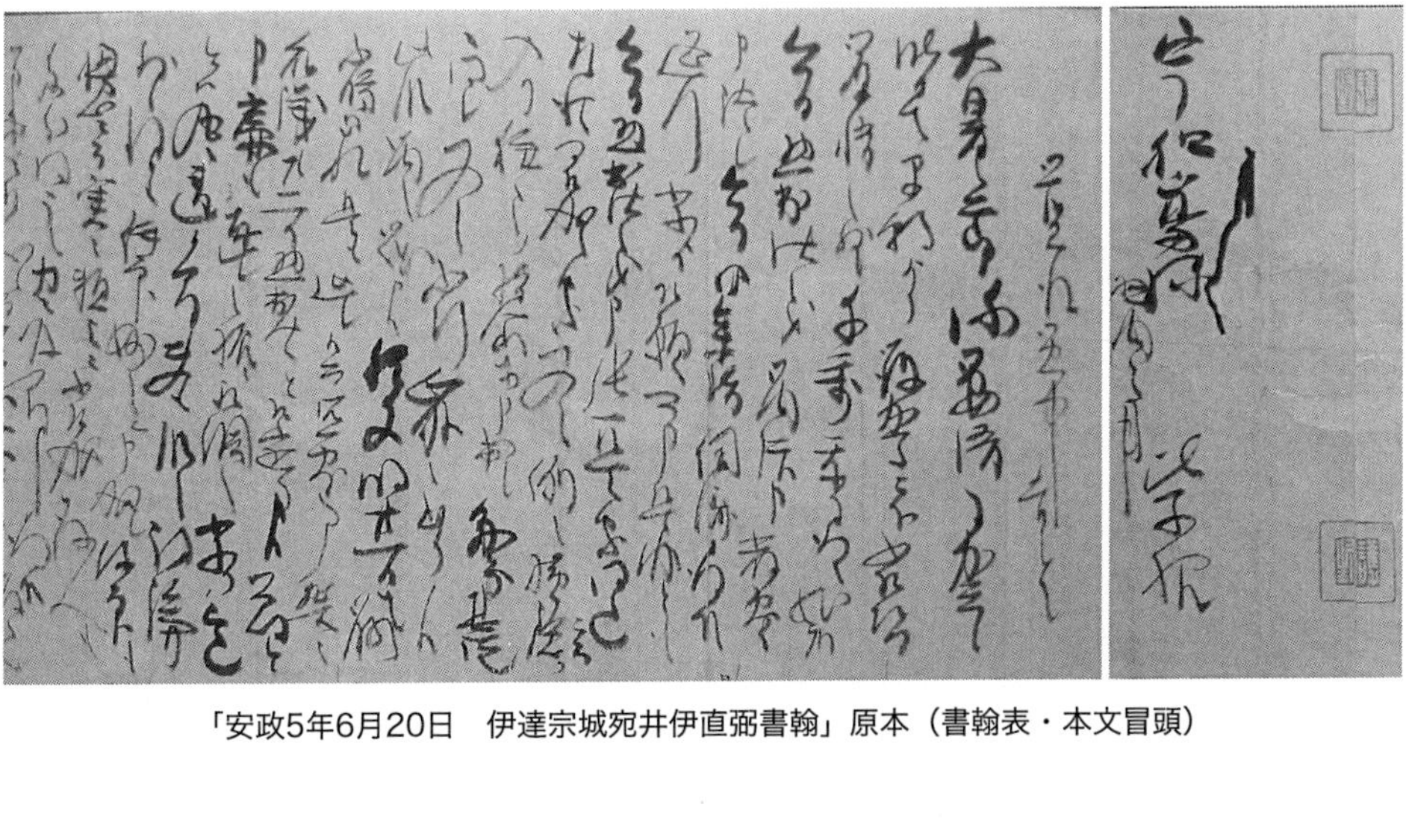

「安政5年6月20日　伊達宗城宛井伊直弼書翰」原本（書翰表・本文冒頭）

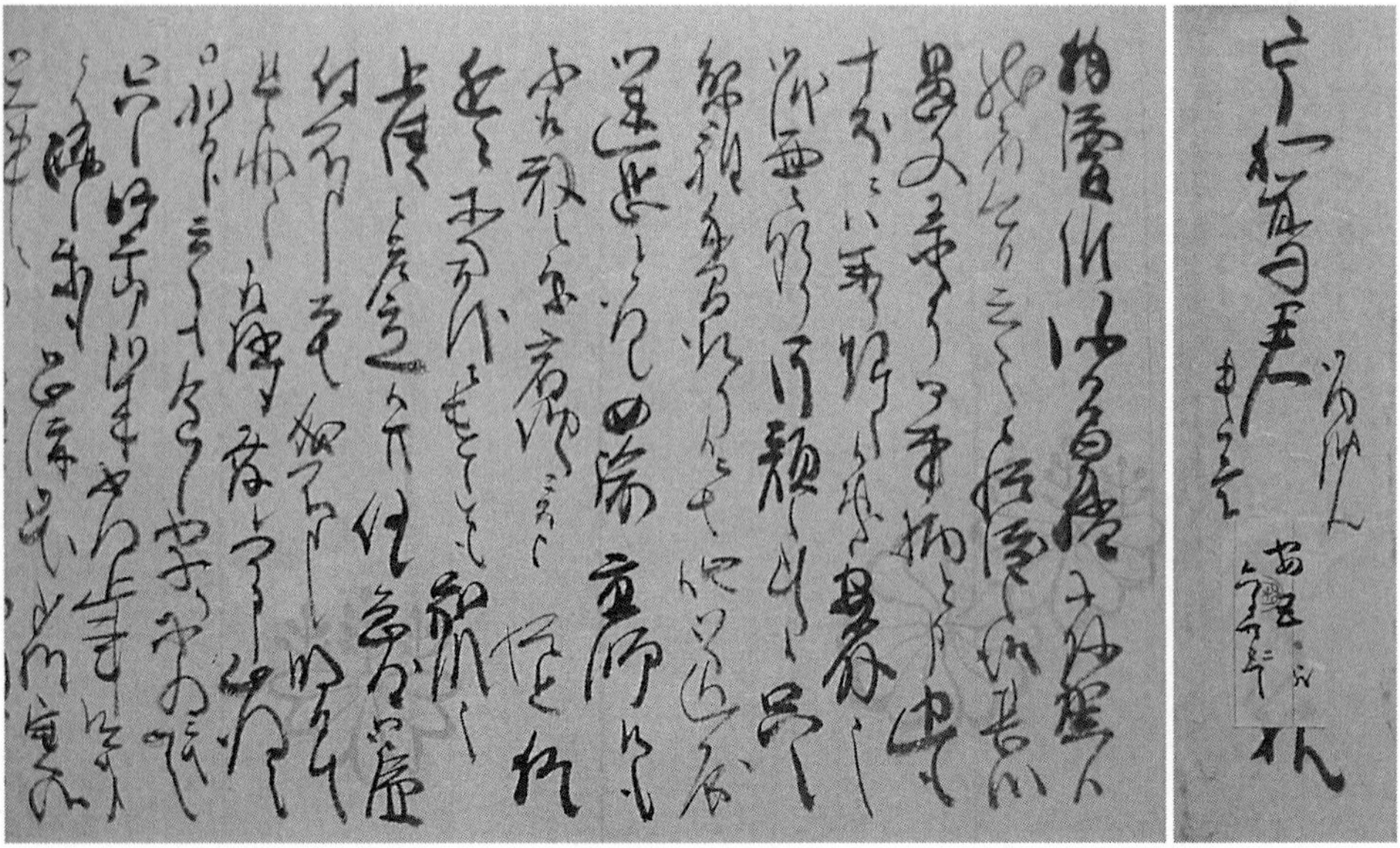

「安政5年6月22日　伊達宗城宛井伊直弼書翰」原本（書翰表・本文冒頭）

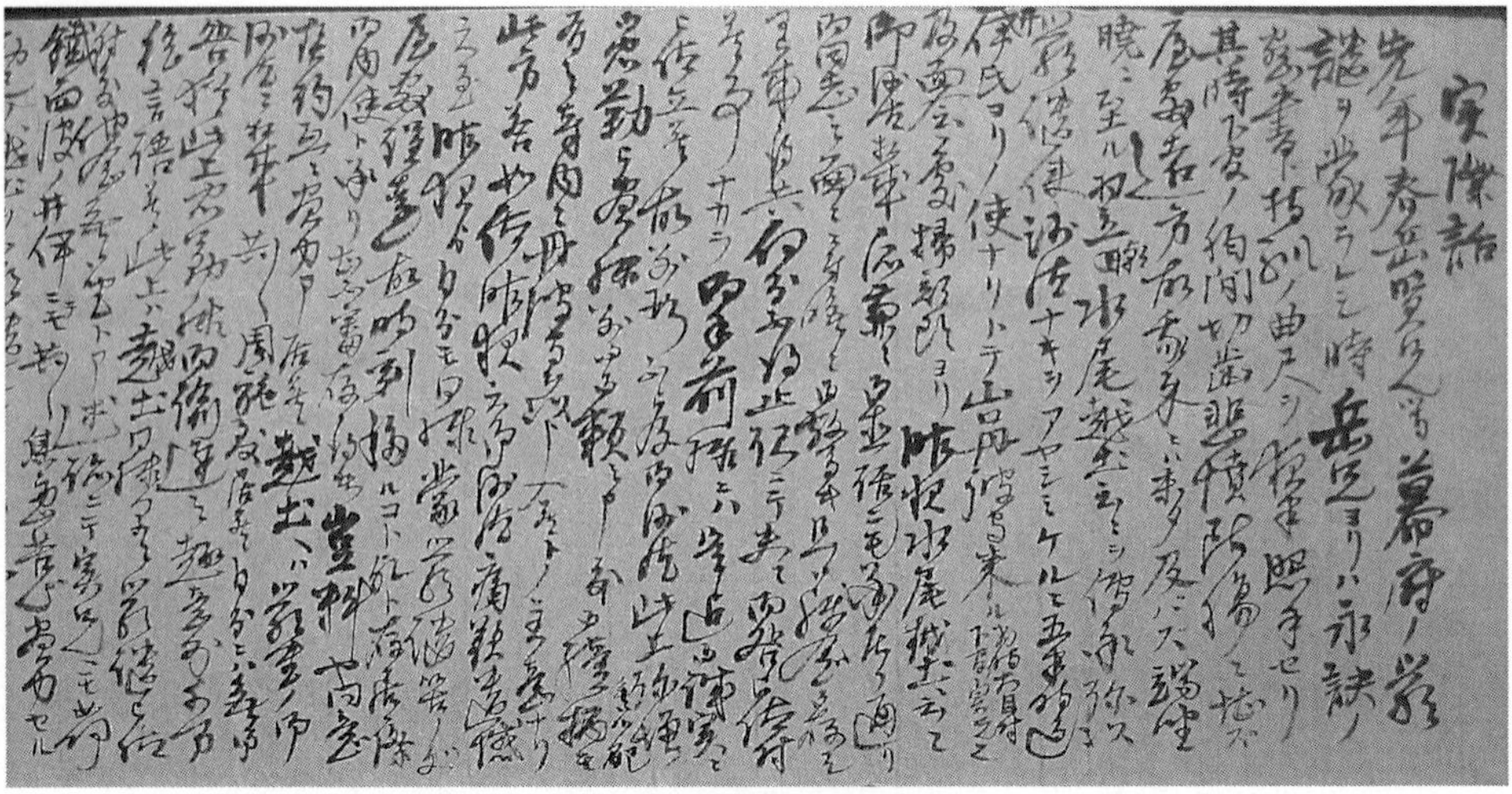

「実際話」原本（冒頭部分）

■宇和島伊達家叢書　第二集■

伊達宗城隠居関係史料

『宇和島伊達家叢書』第二集の発行によせて

公益財団法人　宇和島伊達文化保存会
理事長　伊達　宗信

このたび、『宇和島伊達家叢書』の第二集として、『伊達宗城隠居関係史料』を発行する運びとなりました。

当保存会では、宇和島藩伊達家の初代藩主秀宗から九代藩主宗徳にいたる判物、系譜・系図・履歴、辞令書、建白・意見書、藩主直書、書翰・日記、及び藩政全般にかかる諸史料など、約四万点の大名家文書を保管しています。また、これらの原史料とは別に、明治以降に伊達家家記編輯所において筆写された稿本史料が、「藍山公記」と題する八代藩主伊達宗城の伝記稿本一八一冊をはじめとして一五〇〇点近く残されています。宇和島伊達家叢書は、この原史料及び稿本史料から特に七代藩主宗紀、八代藩主宗城、九代藩主宗徳の時代に焦点をあててシリーズとして発行しようとするものです。

これに先立ち二〇〇四年から二〇〇五年にかけて、当会理事である近藤俊文氏にご尽力を賜り、『伊達村壽公傳』『伊達宗紀公傳』『伊達宗城公傳』を創泉堂出版から発行し、二〇一一年に宇和島伊達家叢書第一集『井伊直弼・伊達宗紀密談始末』を皆様にご紹介いたしました。本シリーズも宇和島藩に対するご理解を深めるために多くの方々にお読みいただけることを願っております。

本号の発行にあたり、ご多忙の中を編集全般について一方ならずご尽力をいただいた愛媛県歴史文化博物館の藤田正氏に心から御礼を申し上げ、発行にあたってのご挨拶といたします。

目　次

凡例

一　本書には、「宇和島伊達家叢書」の第二集として、公益財団法人宇和島伊達文化保存会（以下、保存会と略記）が所蔵する伊達宗城の隠居関連の史料類を「伊達宗城隠居関係史料」「伊達宗紀・宗城宛井伊直弼書翰」「逸事史補関係史料」の三章構成で翻刻し、収載した。

二　本書は、原文を忠実に翻刻するよう心がけたが、以下の点については編集を施した。

（一）漢字は、原則として常用漢字を用い、常用漢字にないものは正字を用いた。

（二）かなは、現行のひらがな・カタカナ表記とし、「ゟ」などの合字《ごうじ》は「より」に改めた。但し、而（て）・与（と）・江（え）などはそのままとし、史料本文中での活字の大きさを小さくした。

（三）歴史に興味を持つ一般の方々の読みやすさを考慮し、史料本文には「レ点」「一・二点」などの返点《かえりてん》を付した。

（四）同様の理由で、読点「、」や中点「・」を適宜付した。

（五）史料本文中の人名の判別が難しい表記、難解な歴史用語・語句などには、該当部分の後に編者が〔＝　〕のかたちで注記を補い、活字の大きさを小さくした。

（六）難読な人名・地名・歴史用語や、古文書独特の訓読みなどには、適宜ルビを付した。

（七）史料原文の当て字・抜け字・誤記と思われる箇所には、右傍に（　カ）として正しい文字を補うか、（ママ）を付した。

（八）表紙・傍注・付箋などの本文以外の部分は、該当部分の前後を「　」で囲み、その右肩に（表紙）（傍注）

（付箋）などを付した。
（九）史料原文に訂正・加筆などがある場合には、該当部分を〔　〕で囲み、右傍に（抹消）（加筆）などを付した。
（十）史料原文における闕字《けつじ》（人物・団体などへ敬意を表し、該当する文字の前一字を空ける表記）・平出《へいしゅつ》（闕字以上の敬意を表し、該当する文字から改行する表記）については、原文のかたちのとおりとした。
三「宇和島伊達家叢書」は保存会理事の近藤俊文の立案によるもので、保存会理事長の伊達宗信が発行を統括した。なお、本書の翻刻・編集は藤田正が行い、一部を保存会の仙波ひとみが補助した。

（改訂補注）
一　本改訂版は、故藤田正氏のご遺志と絹代夫人のご了承のもとに、仙波ひとみが、主に【史料】部分について、初版の翻刻・校注のあり方を踏襲して改訂を行ったものである。
二　改訂にあたっては、極力初版のままとするようつとめた。
三　初版に掲載されていた「卯月六日」付「井伊掃部頭」より「伊達遠江守様」宛書翰（本会所蔵番号　乙御書翰類黒三―一）については、彦根城博物館野田浩子学芸員のご教示により安永三年四月六日付井伊直幸より伊達村候宛の可能性が極めて高いことが判明したため、改訂版では不掲載とした。
四【史料】部分中、文字の右横に付されている「（カ）」の注は、当該文字の判読が不確定であることを示す。

【史料】

伊達宗城隠居関係史料

一　伊達宗城隠居関係史料

「御隠退之件」

「(付箋)御退隠ノ件」

馳二飛檄一申遣候、寒暖適体之候《こう》、先《まず》以於二弘館一倍《ますます》御勝常被レ為レ揃《そろわ》奉《たてまつり》二恭賀一候、次ニ両邸壮実相揃《そろい》令二消光一候条、可レ被レ致二安心一候、御前様所労も追日快腹(ママ)、抃賀此事存候、其地、去月末以来弥《いよいよ》風雨水害等無レ之秋収相済、流行病《はやりやまい》も無レ之哉《や》、甚《はなはだ》以関心いたし居候、当方者病毒之勢大ニ退散ニ相成候、諸卿弥《いよいよ》安健勤職可レ有レ之、令二遥悦一候、尚自重専念々々、庶子亦無異碌々成長ニて喜悦候、陳《のぶれ》者、過る十六日、掃部《かもん》［＝彦根藩主井伊直弼、大老］方へ大屋形様［＝前宇和島藩主伊達宗紀《むねただ》］被レ為レ入候処、我等退引之儀、近親之訳ヲ以極密誘説相成候処、右御応対之次第ハ荒々数馬［＝宇和島藩家老桜田数馬］より以二書取一可レ被二申越一、夫《それ》ニ而可二相分一、実ニ不レ懸レ存次第ニ至《いたり》、第一ハ、

祖宗〔＝宇和島藩初代藩主伊達秀宗〕奉《たてまつり》レ始 大屋形様迄も〔御〕(抹消)全〔御忠〕(加筆)勤被レ為レ在、諸侯伯無比之当家候処、乍《ながら》二内密一、預二心添一致二退隠一候仕合、無二申訳一恐悚多罪之極《きわみ》、第二ハ、愚劣之微軀汚二統胤一、加《しかのみならず》レ之兼々《かねがね》

厳君之御教示ニ相背き、卿等諫戒をも致二違失一候姿ニ可二相至一、当惑赧面不レ可レ言候、尤《もっとも》察二機先一早々退隠も可レ致候処、不明之段、弥《いよいよ》恥入申候、扨云々《さてうんぬん》之都合ニ至候上ハ、微軀不レ足レ惜、社稷〔＝宇和島伊達家〕之御至重なる儀勿論故《もちろんゆえ》、十九日、数馬より御密話之儀達聴候間《あいだ》、即席令二決心一候、尤掃部《もっともかもん》より被二申聞一条件〔ニ当りてハ〕(抹消)、更ニ於二我等一〔何程〕(抹消カ)仰天《ぎょうてん》当惑ハ不レ致、俯仰不レ慙晴天〔明〕(抹消)〔白〕(加筆)日〔たる儀候〕(抹消)〔を一途ニ忠誠心懸《こころがけ》候儀〕(加筆)、其処〔□〕(抹消)〔者〕(加筆)御弁談被二成下一候〔而も〕(抹消)〔得共〕(加筆)、〔何分〕(加筆)倩(猜カ)疑難レ解して誣咎《ぶきゅう》〔□□□〕及ひ候〔勢ひ〕(抹消)〔事〕(加筆)、無二是非一〔とハ此事〕(抹消)〔次第〕(加筆)也、古賢〔所云〕(抹消)〔如謂〕(加筆)不レ惜者名節〔云々不レ可レ捨とハいへとも〕(抹消)〔と申候条〕(抹消)〔故〕(加筆)、身軀之潔白〔強而申張之末〕(抹消)〔其も致二貫徹一筋候得共、当今勢にてハ実否を不レ論〕(加筆)頓《とみ》に蒙《こうむり》二厳咎一候様至候〔時ハ〕(抹消)〔も難《がたく》レ量、左候時ハ〕(加筆)社稷之汚辱〔難レ雪《そそぎ》様相成候程不レ量〕(抹消)〔と相成、弥《いよいよ》奉《たてまつり》レ対二御歴代様〔＝歴代の宇和島藩主〕一恐入候事ニ相至候故《ゆえ》〕(加筆)旁《かたがた》不腹(ママ)之状更ニ無レ之、甘心落意いたし候段、御返答被二成下一候様相願候〔事候条〕(抹消)、〔何分御〕(加筆)憐察可レ有レ之、福井兄〔＝前福井藩主松平慶永〕云々《うんぬん》より今日可レ有レ之と心裡にハ致二覚悟一候き、実ニ〔朋党之疑念相募候而ハ、治平も不レ久〕(加筆)、汚濁之時と(カ)不レ堪二切歯一候、尤《もっとも》爾後快々不レ楽怨望之〔様子にも〕(抹消)〔気色等〕(加筆)為レ見候而ハ不レ宜と致二〔覚悟〕(抹消)〔省察〕(加筆)一候、且《かつ》願之期も、最初ハ来春にて宜と申、一昨日ハ十一月中と申、一向取留兼《かね》候、畢竟《ひっきょう》ハ一日も早く為レ済候儀肝要と

見込被レ申候事と存候、(抹消)〔此上ハ致方も無レ之〕(抹消)〔何卒〕(加筆)〔此上ハ何卒乍《なにとぞながら》二太儀一〕同列〔＝国元の宇和島藩家老〕出府十一月中旬迄に有レ之様いたし度《たく》、我等所レ希ハ、当冬直《ただち》ニ大膳殿〔＝宇和島藩世子伊達宗徳《むねえ》〕任官迄も有レ之様致度為レ含居候、縷々《るる》者数馬より可二申遣一、又族之助〔＝宇和島藩士中井族之助〕も追々立帰遣候故《ゆえ》、事情ハ可二相分一と存候、不備

九月廿九日

又云《いう》、不慮之都合、如何計《いかばかり》か(カ)当惑可レ被レ致、実々不二一方《ひとかた》一大屋形様へ御苦労御心痛奉《たてまつり》レ懸、各《おのおの》始士民共為レ(抹消)〔致〕(加筆)〔抱〕二不満一候も、皆以我等之不届故《ふとどきゆえ》と(抹消)〔□□〕深く(抹消)〔奉〕(加筆)〔令〕二慙愧一候也

「掃部退引の議誘説の件」

馳二飛檄一申遣候、寒暖適体之候《こう》、先《まず》以於二弘館一倍《ますます》御勝常被レ為レ揃《そろわ》奉《たてまつり》二恐賀一候、次ニ両邸壮実相揃《そろい》令二消光一候条、可レ被レ致二安心一候、御前様所労も追日快腹(ママ)、扑賀此事ニ奉《たてまつり》レ存候、其地、去月末以来弥《いよいよ》風雨水害等無レ之秋収相済、流行病《はやりやまい》も無レ之哉《や》、甚《はなはだ》以関心いたし居候、当方ハ病毒之勢大ニ退散ニ相成候、諸卿弥《いよいよ》安健勤職可レ有レ之、令二遥悦一候、尚自重専念々々、庶子亦無異碌々成長ニて喜悦候、陳《のぶれ》者、過日十六日、掃部《かもん》［＝彦根藩主井伊直弼、大老］方へ大屋形様［＝前宇和島藩主伊達宗紀《むねただ》］被レ為レ入候処、我等退引之儀、近親之訳ヲ以極密誘説相成候処、右御応対之次第ハ荒々数馬［＝宇和島藩家老桜田数馬］より以二書取一可レ被二申越一、夫《それ》ニ而可二相分一、実ニ不レ懸レ存次第ニ至《いたり》、第一ハ、祖宗［＝宇和島藩初代藩主伊達秀宗］奉《たてまつり》レ始大屋形様迄も全御忠勤被レ為レ在、諸侯伯無比之当家候処、乍《ながら》二内密一、預二心添一致二退隠一候仕合、無二申訳一恐悚多罪之極《きわみ》、第二ハ、愚劣之微軀汚二統胤一、加《しかのみならず》レ之兼々《かねがね》厳君之御教示ニ相背き、卿等諫戒をも致二違失一候姿ニ可二相至一、当惑赧面不レ可レ言候、尤《もっとも》察二機先一早く退隠も可レ致処、不明之段、弥《いよいよ》恥入申候、扨云々《さてうんぬん》之都合ニ至候上ハ、微軀不レ足レ惜、社稷［＝宇和島伊達家］之〔段〕(抹消)至重なる儀勿論故《もちろんゆえ》、十九日、数馬より御密話之儀達聴候間《あいだ》、即席令二決心一候、尤《もっとも》掃部《かもん》より申聞条件、更ニ於二我等一仰天《ぎょうてん》当惑ハ不レ致、俯仰不レ慙晴天白日一途ニ忠誠心懸《こころがけ》候儀ハ、其処ハ御弁談被二成下一候得共、何分倩(猜カ)疑難レ解して誣咎《ぶきゅう》及ひ候事、無二是非一次第也、古賢所謂《いわゆる》所レ惜者名節故《ゆえ》、身軀之潔白致二貫徹一筋候得共、当今之勢にてハ実否を不レ論頓《とみ》に蒙二厳咎一候様至候も難《がたく》レ量、左候時ハ社稷之汚辱と相成、弥《いよいよ》奉《たてまつり》レ対二御歴代様〔＝歴代の宇和島藩主〕一恐入候事ニ相至り候故《ゆえ》旁《かたがた》不腹之状更ニ無レ之、甘心落意いたし候段、御返答被二成下一候様相願候、憐察可レ有レ之、福井兄〔＝前福井藩藩主松平慶永《よしなが》〕云々《うんぬん》より今日可レ有レ之と心裡にハ致二覚悟一候き、実ニ朋党之疑念相募候而者、治平も不レ久、汚濁之時、不レ堪二切歯一候、尤《もっとも》（ママ）示（爾）後怏々不レ楽怨望之気色等為レ見候而ハ不レ宜と致二省察一候、且《かつ》願之期も、最初ハ来春ニ而宜と申、一昨日ハ十一月中と申、一向取留兼《かね》候、畢竟《ひっきょう》ハ一日も早く為レ済候義肝要と見込被レ申候事と存候、此上ハ何卒《なにとぞ》乍二太儀一同列〔＝国元の宇和島藩家老〕出府十一月中旬迄に有レ之様いたし度《たく》、我等所レ希ハ、当冬直《ただち》ニ大膳殿〔＝宇和島藩世子伊達宗徳《むねえ》〕任官迄も有レ之様致度為レ含居候、縷々《るる》ハ数馬より可二申遣一、又族之助〔＝宇和島藩士中井族之助〕も追々者立帰遣候故《ゆえ》、事情ハ可二相分一と存候、不備

九月廿九日

又云《いう》、不慮之都合、如何計《いかばかり》か当惑可レ被レ致、実々不二一方《ひとかた》一大屋形様ハ御苦労御心痛奉《たてまつり》レ懸、各《おのおの》始士民共為レ抱二不満一候も、皆以我等之不届故《ふとどきゆえ》と令深《ふかく》（ママ）悲懼候也

御別紙

家老衆へ遣候愚詠

かくなるも吾身之とかと思ひつゝ
人をも世をも怨みさらまし

「大屋形様御退隠之件ニ就テ桜田外四家老ヨリ御小性頭へ贈リシ書翰　宗城公御歌添　一通」安政五年十月十二日

「（封紙）（加筆）〔隠居家督之御書〕　桜田玄蕃
　　　　　　　　　　桑折左衛門
御小性（ママ）頭中様　　志賀九郎兵衛
　　御披露　　　宍戸弥左衛門
　　　　　　　松根図書」

一筆致二啓上一候、追日寒冷相加《くわわり》候処、先以《まずもって》
上々様益《ますます》御機嫌能《きげんよく》被レ遊二御坐一恐悦至極《しごく》奉《たてまつり》レ存候、然《しかれ》者、急便被二差立一候ニ付、
屋形様［＝宇和島藩主伊達宗城《むねなり》］より御直書被レ為レ下、謹而奉《たてまつり》二拝見一候、其地両御屋敷
上々様益《ますます》御機嫌能《きげんよく》被レ為レ在、
御前様御不例も愈々《いよいよ》被レ遊二御順快一候間《あいだ》、可レ奉《たてまつる》二安心一旨、重畳恐悦之至《いたり》奉《たてまつり》レ存候、御地流行病《はやりやまい》も退散
仕《つかまつり》候旨、先以《まずもって》安心之至《いたり》奉《たてまつり》レ存候、御国元、秋来弥《いよいよ》風雨も霜も無二御坐一秋収相済、伝染病抔《など》も無二御
坐一候哉《や》、被レ遊二御懸念一候旨、当年者夏以来風雨之災も無二御坐一、諸作共十分之年柄ニて、敏《はや》十組共御受免
申出、追々新穀入津も仕《つかまつり》候趣《おもむき》、先以《まずもって》恐悦　御安心之年柄ニ御坐候、コレラ病者八幡浜方并《ならびに》戸島・加

島抔《など》ニて流行仕《つかまつり》、甚《はなはだ》不安堵至極《しごく》奉《たてまつり》レ存候所、追々退散、穏《おだやか》ニ相成、安心仕《つかまつり》候、御城下廻りニも頓死体之者も不レ少、或ハ即倒、無レ程相復候様之病症も彼是《かれこれ》不レ絶趣《おもむき》ニ御坐候へ共、真面目之コレラ共相聞不レ申、疫病者兎角《とかく》退散仕兼《つかまつりかね》候へ共、是以専《もっぱら》流行と申程ニ無二御坐一候故《ゆえ》、深く不レ被レ遊二御気遣一様ニと奉《たてまつり》レ存候、且《かつ》又御庶子方ニも益《ますます》御安泰被レ成二御盛長一、御地御庶子方も御同様之趣《おもむき》、万々奉《たてまつり》二恐悦一候、将又《はたまた》先月十六日夕、

大屋形様［＝前宇和島藩主伊達宗紀《むねただ》］、掃部頭《かもんのかみ》様［＝彦根藩主井伊直弼、大老］へ被レ遊二御出一候所、

屋形様御退隠之義、御近親之場を以極密御誘有之、実ニ不レ被二思召寄《おぼしめしよら》一義、第一

御歴代様［＝歴代の宇和島藩主］始《はじめ》大屋形様迄全御忠勤被レ遊、諸家様方ニも御無比之御家ニ被レ為レ在候所、乍《ながら》二御内密一、御心添之上御退隠と相成候て者、精璧ニ疵を被レ為レ付候様被二思召《おぼしめさ》一候趣《おもむき》縷々《るる》被二仰出《おおせいださ》一候趣《おもむき》、如何共奉《たてまつり》二恐入一候而已《のみ》ニ御坐候、驚転之至《いたり》、奉《たてまつり》レ絶二言語一、屋形様御心裡ハ一同弁別仕居《つかまつりおり》、御誠忠を被レ為レ尽候所、却《かえっ》て御譴咎ニ被レ為レ逢候義、遺憾無遠（カ）奉《たてまつり》レ存候へ共、水［＝前水戸藩主徳川斉昭《なりあき》］・尾［＝前名古屋藩主徳川慶恕《よしくみ》］・越［＝前福井藩主松平慶永《よしなが》］之三侯も同様御有志御忠謀を被二相尽一候御方《おかた》様者、当今之世ニ不レ合、正者邪となり邪も正と相成候世態、天歟《か》命歟《か》、如何《いかん》共処置無二御坐一候、乍《ながら》レ然《しかし》御心裡者晴天白日（一脱カ）点も御恐入被レ遊候訳者無二御坐一候へ共、此上被二仰分一様之儀御坐候ても所詮御取用無二御坐一候者必然之義、却《かえっ》て毛吹疵を求る之類《たぐい》ニ相成候て者不二相成一義ニ付、思召通《どおり》御退隠之外《ほか》有二御坐一間敷《まじく》、其処者御決心之趣《おもむき》、乍《ながら》レ恐御尤《もっともし》至極《ごく》ニ奉《たてまつり》レ存候へ共、於私共者、

暗夜ニ灯を失候心地仕《つかまつり》、御政事向を始《はじめ》万緒御心を被二相尽一候故《ゆえ》、追々規則も相立候て、五六年も相立候ハヽ、何歟《か》御予備も全備ニ可レ至やと相楽罷《まかり》在候所、存もよらぬ事ニ罷《まかり》成、奉《たてまつり》レ絶二言語一、且々《かつがつ》当惑之外余事無二御坐一候、同列［＝国元の宇和島藩家老］之内両人出府之義も奉《たてまつり》レ畏《かしこみ》候、玄蕃家者御代々相勤候義ニ付、右同人と弥左衛門［＝宇和島藩家老宍戸弥左衛門］之出府可レ然《しかる》と判談仕《つかまつり》、則《すなわち》今日及二沙汰一申候、扨亦屋形様御家督之冬《(ママ)》も、御手入被レ為レ在候へ者直《ただち》ニ御任官可レ被レ蒙レ仰御都合之所、其義無二御坐一、故《ことさら》ニ御後レニ被レ為レ成候事之趣《おもむき》追々被レ遊二御見聞一候ニ付、今度御曹司《おんぞうし》様［＝宇和島藩世子伊達宗徳《むねえ》］御家督も来春ニ罷《まかり》成候而者、御任官者明後年ニ相延候様罷《まかり》成候故《ゆえ》、当冬ニ候へ者

掃部頭《かもんのかみ》様へ御頼《たのみ》之上、奥御祐筆へ御手入御坐候へ者、年を不レ越御任官之御都合ニ可二罷《まかり》成一と被二思召《おぼしめさ》一候故《ゆえ》、旁《かたがたもって》以迅速御願被差出候所ニ被レ遊二御決心一候旨、難《がたき》レ有《あり》思召《おぼしめし》ニ者被レ成二御坐一候へ共、夫等処ニも無二御坐一、何等《なんら》と

御誠実之貫《つらぬきかた》方者無二御坐一者やと、夫而已《のみ》相考候へ共、前文ニも申上候通《とおり》、何事も不二相貫《つらぬき》一御時体故《ゆえ》、却《かえっ》て御当り之種子を施《ほどこし》候も同理ニ罷《まかり》成候故《ゆえ》、如何共《いかんとも》処置無二御坐一、

御心裡之御潔白成所に相安候外《ほか》無二御坐一候儀と奉《たてまつり》レ存候、猶族之助［＝宇和島藩士中井族之助］罷《まかり》下候得者委曲可レ奉《たてまつる》二承知一と奉《たてまつり》レ存候、且《かつ》又

大屋形様へ不二一方《ひとかたなら》一御苦労御心痛を被レ為レ掛、私共始《はじめ》士民可レ致二屈心一与御心外被二思召《おぼしめさ》一候旨、

奉《たてまつり》二恐入一候　思召《おぼしめし》と奉《たてまつり》レ存候、此上屈心仕《つかまつり》候とて取返《とりかえし》も不二出来一義ニ付、一同申談、乍《ながら》レ不レ及精勤可仕《つかまつる》心掛ニ罷《まかり》在候間《あいだ》、乍《ながら》レ恐深く　御掛念被二成下一間敷《まじく》と奉《たてまつり》レ存候、乍《ながら》レ恐此上屋形様ニて御屈心さへ不レ被レ遊候ハヽ、夫を力《ちから》ニ勉励仕《つかまつり》候心得ニ御坐候、御紙末ニ御詠哥も御書下被二下置一、一同奉《たてまつり》二拝見一、只々《ただただ》恐入而已《のみ》ニ御坐候、逐一《ちくいち》委曲ニ御請申上度《たく》候へ共、飛脚ニ取急不レ任レ心恐入候、乱筆ニ御請旁《かたがた》申上度《たく》如レ此《かくの》御坐候、御序《ついで》之砌《みぎり》可レ然《しかる》御披露被レ下度《たく》頼入存候、恐惶謹言

十月十二日　松根図書　紀戊（ママ）（花押）
宍戸弥左衛門　紀（花押）
志賀九郎兵衛　為（花押）
桑折左衛門　長（花押）
桜田玄蕃　寿（花押）

御小性（ママ）頭中様
御披露

尚以書損落字之跡書改《かきあらため》可二差上一筈《はず》之処、飛脚差急候故《ゆえ》、何分間《ま》ニ合兼《あいかね》、不レ得レ止書入ニて差上、不敬之段重々奉《たてまつり》二恐入一候、何分程克《ほどよく》御披露被レ下度《たく》候、以上

「（付箋）家老衆へ遣候愚詠

かくなるも　吾身のとかと思つゝ　人をも世をも怨みさらまし　」

「家老へ下候大意」

退隠後政務一切致二関係一間敷《まじき》旨過日申出候処、尚又此間《あいだ》遠江《とおとうみ》殿［＝宇和島藩主伊達宗徳《むねえ》］より被二申述一候趣《おもむき》も有レ之、各《おのおの》よりも、弘化度従《より》二前様［＝元宇和島藩主伊達宗紀《むねただ》］一御沙汰別紙之通《とおり》ニ付、右之ケ条丈《だけ》ハ承《うけたまわり》込《こみ》候様被二申聞一候儀、一応無レ止様にも存候得とも、毎度申述候通《とおり》、菲徳愚劣之我等候故《ゆえ》、十五年間よふく各始《おのおのはじめ》以二輔翼一内外之事務取扱候位《くらい》之儀、別而《べっして》当節乍《ながら》二内々一井伊氏［＝彦根藩主井伊直弼、大老］より噂之末令隠居候段、畢竟《ひっきょう》、天朝［＝天皇及び朝廷］・公辺《こうへん》［＝将軍及び徳川幕府］御為筋存込、胸中は晴天白日たりとも、汚二社稷《しゃしょく》［＝宇和島藩伊達家］一候段ハ無二相違一、時務之洞察不行届故《ゆえ》、終《つい》に前様へも深奉《たてまつり》レ懸二御心痛一、各始《おのおのはじめ》〔に〕(抹消)〔ニ〕(加筆)も憂苦為レ致候儀、何《いずれに》も不レ堪二慙愧一次第、残軀如何《いかが》可レ致哉《や》と当惑之際候得者、何分爾後存意抔《など》相談を請而ハ弥増《いやます》痛悶之至《いたり》、公私内外へ対し尤《もっとも》安心も不レ致、右等之儀深察被致、過日申出候所ニ承伏有レ之様令二懇望一候条、心緒申陳候也

安五午霜月晦

十二月一日　家老へ下候大意

二　伊達宗紀・宗城宛井伊直弼書翰

①　安政五年四月二十二日　伊達宗城宛井伊直弼書翰

〔書翰表〕貴答　御直披

〔封紙表〕伊遠江守《とおとうみのかみ》様　貴酬　井掃部頭《かもんのかみ》

〔封紙裏〕御覧後御火中

拝誦候、弥《いよいよ》御安清奉《たてまつり》レ賀候、小子此度《こたび》結構被二仰付《おおせつけ》一候［＝大老への任命］ニ付、御歓《よろこび》、御念入候、誠々愚昧者尚御時勢不勘弁至極恐縮仕《つかまつり》候、伺二勅答一云々《うんぬん》ニ付御内話可レ被レ下旨、今ニ不レ始御深切之段、忝《かたじけなき》次第ニ候、兼《かね》而御逢も申度折柄《たきおりがら》、明朝御来駕可レ被レ下候趣、明朝之処少々取込候間《あいだ》、自由なから早朝五ツ時〔＝午前八時〕まて二御参着希上《ねがいあげ》候、何《いずれ》も〳〵其節と申残し候、先《まず》者貴答旁《かたがた》艸々頓首

四月廿二日

御端書《はしがき》忝《かたじけなく》奉《たてまつり》レ存候、折角《せっかく》御自愛専一奉《たてまつり》レ存候、以上

②　安政五年五月十四日　伊達宗城宛井伊直弼書翰

〔書翰表〕御返事　秘中之秘
〔書翰裏〕別紙添
〔封紙表〕伊　遠江守《とおとうみのかみ》様　貴酬　井　掃部頭《かもんのかみ》

拝誦候、弥《いよいよ》御勇猛奉《たてまつり》レ賀候、昨夕者御出《いで》、種々御示教ニ預り、千万忝《かたじけなく》、不レ成レ外《ほか》御懇意故《ゆえ》ニ極密之義迄相洩シ候段者小子か多罪不レ過レ之候、努々《ゆめゆめ》御他言御断《ことわり》申候、右ニ付御細書之旨、至極之御論、感服仕《つかまつり》候、且《かつ》又三条〔＝内大臣三条実万《さねつむ》〕より土州〔＝高知藩主山内豊信〕江之来書内々御廻し、一覧致候、同所ニ者尤《もっとも》左様可レ有義与推察致居候、則《すなわち》返上、御落手希上《ねがいあげ》候、猶又御申越之一義者、昨夕御厚談ニ及候次第ニ而、天道まかセと御申之義、御尤《もっとも》ニ存候、其余一々貴答ニ不レ及、略《あらまし》御報御海容希上《ねがいあげ》候、恐々頓首

五月十四日

御端書《はしがき》忝《かたじけな》く、折角《せっかく》御自愛専一奉《たてまつり》レ存候、且《かつ》御諭し承知仕《つかまつり》候、御役中都《すべ》而文通仕兼《つかまつりかね》候得共、御近親殊ニ御懇意ニ付御返事に及候段、御含《ふくみ》、御覧後早々御投火希上《ねがいあげ》候、以上

③　安政五年六月二十日　伊達宗城宛井伊直弼書翰

〔書翰表〕宇和島様　極内々用　比子根《ひこね》
〔書翰裏〕御一覧後御火中希《ねがいあげ》上候
〔封紙表〕書付

大暑之節弥《いよいよ》御安清奉《たてまつり》レ賀候、昨日者早朝より御投駕被レ下、不二相替《あいかわら》一御厚情之程《ほど》千万忝奉《かたじけなくたてまつり》レ存候、然《しかれ》者今日惣出仕之義御内話申、厳敷《きびしく》申談候、今日御参詣伺済候得共、延引小子より相願可レ申、是非とも今日惣出仕之義申張、一旦之処同意ニ而左様可二相成一候処、又々例之横鎗か入り、種々ノ指閊《さしつかえ》等申出し、多分其説へ同し、又々不レ行、心外之至りニ候、此段御内々御咄《はなし》申候、猶又明廿一日者御暇《いとま》不時御礼、是も延し候而宜敷《よろしき》事、然《しか》ルニ衆議廿二日惣出仕と相定り申候、御尋と申廉《かど》も、達し候振ニ取調へ、小子か意とハ丸々違候間《あいだ》、夫《それ》も段々討論致候得とも、伊印［＝伊賀守、上田藩主松平忠固《ただかた》、老中］妙々ニ申成し、備印［＝備中守、佐倉藩主堀田正睦《まさよし》、老中首座］も懊心ニ而実ニ頼ミニ不二相成一、御役人も多分同意、力ニ及間しく候得共、御存意御申述ニ相成候而宜敷《よろしき》様ニ者可レ致と奉存候、只々何事も小子か不行届故《ふゆきとどきゆえ》、御都合悪ク相成候段、恐縮之至り候、何分行末全キ御奉公も覚束《おぼつか》なく実以心痛仕《つかまつり》候、御賢察之程幾重《いくえ》ニも希《ねがいあげ》上候、頓首

六月廿日

二白、昨夕越前参り、右之段略咄《あらましはなし》置申候、御序《ついで》も候ハヽ、宜敷《よろしく》希上《ねがいあげ》候、且《かつ》又藤堂［＝津藩主藤堂高猷《たかゆき》］事昨朝久々ニ而面会、其節も今日惣出仕之義申置候処、本文之次第ニ相成候間《あいだ》、是又御序《ついで》も候ハヽ、可レ然《しかる》御伝声希上《ねがいあげ》候、乍《ながら》レ憚《はばかり》小子義昨日退出後中暑発熱頭痛強く困り申候、別而《べっして》御時節柄《がら》之義押而登　城仕《つかまつり》　候心得ニ者候得共、一両日者出兼《かね》可レ申哉《や》、是非〳〵取続キ候心得ニ候間《あいだ》、御休意希上《ねがいあげ》候、最早御用も無御座候ハヽ、能々《わざわざ》御返事者御　断《ことわり》申上候

④　安政五年六月二十二日　伊達宗城宛井伊直弼書翰

〔書翰表〕宇和島君　御内覧　貴答　彦根

拝読候、弥《いよいよ》御勇猛奉《たてまつり》二珍賀一候、然《しかれ》者今日云々《うんぬん》被二仰渡《おおせわた》一候趣《おもむき》、甚《はなはだ》以愚文、素より御事柄と申、迚《とて》も十分ニハ参り難《がた》く候処、案外之御紙面ニ預り、汗顔之至り候、只々《ただただ》繁雑手間取り候ニ者、嘸《さぞ》御退屈・御迷惑と存候、如《ごとく》レ諭《さとしの》、京師江も不二取敢《とりあえ》一之処宿次ニ而被二仰上《おおせあげ》一、猶近々所司代被レ遣候とも、別段之上使被二差立一候共、何レ急度《きっと》御廉《かど》付不レ申候而者成不レ申候、明日者是非〳〵取極《とりき》メ発シ可レ申心得ニ候

○備印〔=備中守、佐倉藩主堀田正睦《まさよし》、老中首座〕云々《うんぬん》者、全く小子か所為ニ者無レ之、只々《ただただ》時節到来、不レ得レ止事次第ニ付、跡之処も御心添御尤至極《もっともしごく》、実以御大事ニ御座候間《あいだ》、種々論判致候得共、何分思ハ敷《しき》人体も無レ之、此節柄《せつがら》御急キニ付、先々《まずまず》両三輩明日者御用召ニ相成候、委細明日可二申上一候、明夕御出《いで》之義、承知仕《つかまつり》候、最早《もはや》明日之処ハ御留守居御差出ニ及不レ申候、猶又丹波〔=伊達宗城の実兄で旗本の山口直信〕義転役目出度《めでたく》存候、右ニ付御丁寧ニ御申越し、痛入《いたみいり》候、小子か愚意之趣《おもむき》ニハ無レ之、衆目之見処、少《すこし》も御斟酌《しんしゃく》ニ者及不レ申候、何卒《なにとぞ》〳〵精忠ヲ被レ尽候様御伝声希上《ねがいあげ》候、何《いずれ》も〳〵貴答迄如レ是ニ候、艸々頓首

六ノ廿二夜

【史料】　二　伊達宗紀・宗城宛井伊直弼書翰

御追書　忝《かたじけなく》、折角《せっかく》御自玉専一　奉《たてまつり》ㇾ存候
今夕　承《うけたまわ》り候ニ、下田沖へ異船二十艘計《ばかり》見へ候と申事、定《さだめ》而英・仏之船も可ㇾ有ㇾ之哉《や》、未た聢《しか》とハ相
分り不ㇾ申候、風聞之侭《まま》御咄《はなし》申候

⑤　安政五年六月二十二日　伊達宗城宛井伊直弼書翰

〔書翰表〕宇和島様　内用　比子根《ひこね》
〔書翰裏〕御返事ニ不レ及候

弥《いよいよ》御安清奉《たてまつり》レ賀候、過日も御投翰、段々御懇情忝《かたじけなく》奉《たてまつり》レ存候、兼《かね》而御内話之佐印〔＝佐倉藩主堀田正睦《まさよし》、老中首座〕・伊印〔＝伊賀守、上田藩主松平忠固《ただかた》、老中〕も何分其侭《まま》ニ指《さし》置難《がた》キ時宜ニ相成、昨夕より引込《ひきこもり》ニ相成申候、尤《もっとも》伊印者申迄も無レ之、佐印之義者、御申越し之次第も有レ之、先《まず》跡廻りニ可レ致と心配致候得共、段々ノ御沙汰も御尤《ごもっとも》之義ニ候間《あいだ》、一緒之御取計《とりはからい》ニ相成申候、且《かつ》又異人之取扱等も有レ之候得共、当人実病之節者、不レ得レ止事、人をもかへ可レ申義旁《かたがた》、此節ニ而も御指閊《さしつかえ》者有間敷《まじく》、入道様〔＝前宇和島藩主伊達宗紀《むねただ》〕ニ(カ)も左様相成宜《よろ》しき様被レ仰《おおせ》候御事ニ候、只管《ひたすら》
上〔＝将軍徳川家定〕之御為方而已《のみ》心配いたし、
上慮〔＝将軍の意向〕ヲ以取計《とりはからい》候義ニ者候得とも、素より不肖之私、如何様《いかよう》人口ニ懸り可レ申も難《がたく》レ計《はかり》、兼《かね》而之御懇意此処御含《ふくみ》置希上《ねがいあげ》候、且《かつ》又惣出仕も、生憎《あいにく》御不人ニ而、達シ方等不都合も可レ有哉《や》、心配いたし候、其上案外早々ノ調印〔＝六月十九日の日米修好通商条約の調印〕、小子もあきれ申候、何分致方《いたしかた》も無キ次第ニ相成、

達シ振等不行届《ふゆきとどき》、大ニ心配いたし候、何分〳〵
貴君之御忠節ヲ力ニ致相勤候事ニ候、先《まず》者右内々御吹聴旁《かたがた》申出候、乍《ながら》レ末
入道様へも宜敷《よろしく》御伝声希《ねがい》上《あげ》候、委細者拝顔之上万々申上候、大乱筆早々頓首
六月廿二日　跡御投火

⑥　安政五年六月二十五日カ　伊達宗紀宛井伊直弼書翰（写）

〔書翰表〕伊　伊予入道様　御直披　掃部頭《かもん》

拝見仕《つかまつり》候、弥《いよいよ》御安清奉《たてまつり》レ賀候、不二相替《あいかわら》一御懇情之御教示ニ預り、忝《かたじけなく》、大ニ心得ニ相成候、扨《さて》昨日ハ尾州殿〔＝名古屋藩主徳川慶恕《よしくみ》〕・水府前中納言殿〔＝前水戸藩主徳川斉昭〕営中へ御推参、越前〔＝福井藩主松平慶永〕迄《（カ）》も御連《つれ》被レ成、此度《こたび》調印済之義〔＝六月十九日の日米修好通商条約の調印〕ニ付、私始《はじめ》閣老中へ御逢、厳敷《きびしく》御談しに相成、殊《（ママ）》ニ寄《より》而ハ上〔＝将軍徳川家定〕江も御対顔御願可レ被レ成勢ニ付、夫《それ》ハ漸々御留《とめ》申事に候、猶又御両卿方〔＝田安慶頼・一橋慶喜〕ニも御登
城、一昨日・昨日と両日御逢有レ之、是も不レ軽《かるから》御勢に候、尤《もっとも》田安殿にハ至極《しごく》御為方を思召《おぼしめし》候事、御　尤《もっとも》に存候、素より調印之儀ハ大不出来と申もの、京師《けいし》〔＝朝廷〕へ早々御使被二差立一候筈《はず》之事、間部下総守《まなべしもうさのかみ》〔＝鯖江藩主間部詮勝《あきかつ》、老中〕相勤申候、猶又兼《かね》而
御養君様〔＝将軍徳川家定の世子〕御発之義、十八・廿三・廿五日之内と御極《きま》りに相成候事に而、道中川支《つかえ》も有レ之延着いたし候間《あいだ》、今廿五日之御極《きめ》ニ相成候、右之調方《ととのえかた》ハ御不都合も有レ之候間《あいだ》、是亦《これまた》御延しに相成候様にと、御三家方〔＝徳川慶恕・徳川斉昭・松平慶永の三人〕厳敷《きびしく》被レ仰《おおせ》候得とも、最早《もはや》被二仰出《おおせいで》一ニも相成候事、

右様《うよう》被レ仰《おおせ》候とて御延しと申様ニも参り難《がた》く、矢張《やはり》今日御発之事に相成候、右ハ第一越前之尻押強く、昨朝も屋布《やしき》へ越前参り、厳敷《きびしく》此事申聞《きかせ》候間《あいだ》、志ハ尤《もっとも》に候得とも、今更《いまさら》左様ニも相成難候段申置候、夫《それ》より御（欠字）城に而も大和守［＝藩主久世広周、老中］へ又々申聞《きかせ》候趣《おもむき》、何分唯今御延しと相成候而ハ、却《かえっ》而御不都合出来眼前之儀、京師《けいし》迄も御伺済之義ニ付、今日被二仰《おおせいだ》出一候事に候、乍《ながら》レ去不レ成レ穏御時節柄《がら》ニ付、惣出仕御礼等ハ延ニ相成候而も可レ然《しかる》

上慮［＝将軍の意向］も有レ之、御尤《もっとも》ニ候間《あいだ》、申談候心得に候、兼《かね》而貴君にハ内外之義も御承知之事ニ付、此上表方人気立申間敷哉《まじきや》、御考被レ下、遠江守《とおとうみのかみ》殿へも御相諭、可レ然《しかる》御取計《はからい》希上《ねがいあげ》候、猶又老公・尾州殿・越前なと目指《めざし》候所ハ皆々小子一人、昨日之処に而ハなんても小子を取て落し候企《くわだて》御顕レ居候、

上之御為と相成候事なれハ身ハ捨候而も不レ苦候得とも、右等之人々之為ニおとされ候而ハ心外之至り、只今乍《ながら》レ憚《はばかり》小子退キ候而ハ如何《いかが》相成可レ申哉《や》、其辺《あたり》も兼々《かねがね》貴君・遠江殿ニも厚く御憐察被レ下候儀、是全く上之御為故《ゆえ》之事ニ付、何卒《なにとぞ》々々、此辺《あたり》の処急々に迫り候次第、甚《はなはだ》以危急に候間《あいだ》、此上之御芳志ニ右之防《ふせぎ》方等御相談希上《ねがいあげ》候事に候、実ニ昨日　営中之有様不レ穏次第、御察希上《ねがいあげ》候、さし急キ乱筆申上候、早々頓首右ニ付今日退出へ御出《いで》被レ下候様に者相成申間敷哉《まじきや》、退出遅く候間《あいだ》、七ツ［＝午後四時］過に御出《いで》に而宜布《よろしき》と存候、呉々《くれぐれ》も希上《ねがいあげ》候、以上

⑦　安政五年七月十九日　伊達宗紀宛井伊直弼書翰（写）

〔封紙表〕愛牛直書紙(カ)へ写　七月ノ十九日

昨夜者御出《いで》、不二相替《あいかわら》一御懇篤之段、忝《かたじけなく》奉《たてまつり》レ存候、水印〔＝水戸徳川家〕御取扱之義者至極《しごく》之事ニ付、何分ニも貴君〔＝前宇和島藩主伊達宗紀〕・遠江守《とおとうみのかみ》殿〔＝宇和島藩主伊達宗城〕江御任せ申候、御都合宜敷《よろしき》様希《ねがいあげ》上候、只々隠印〔＝前水戸藩主徳川斉昭〕御慎方之義者、先方ノ申口一応ニ応ニ而者何分安心仕《つかまつりかね》兼候、たとへ昼夜上下着被レ成候共、京都へ御家臣ヲ被レ遣《つかわ》旁《かたがた》へ御書通等被レ成候様ニ而者、御不慎之次第、其辺《あたり》之処、御念入候様希《ねがいあげ》上候、猶又今度之御取扱方、小子へ御相談之上御取懸リと申様ニ先方聞取候而者、少々不都合ニ相成候間《あいだ》、貴君・遠江守殿、天下之御為を御存込被レ成候而、御深切より御取扱被レ成候上、追而小子方へも御申聞可レ被レ下趣《おもむき》を以、御取計《とりはからい》被レ成候様希《ねがいあげ》上候、右等之義、昨夜聢《しか》与御咄合《はなしあい》不レ仕《つかまつら》候間《あいだ》、一寸《ちょっと》申上候、勿論御時節柄《がら》、此上手荒之御所置ヲ好ミ候義者毛頭無レ之、平穏ニ治り候義専一ニ候得共、彼方《かなた》ニ御心得違・御不慎等御座候様ニ而者、何分是非なく、此上之御沙汰ニも可二相成一次第、万一兆シ有レ之候ヲ不二心付一発《あらわ》レ候上者、不二容易一大変、後悔詮なき事ニ付、段々内探り致居候得共、其御方ニ而も内実之処御探方不二一通《ひととおりなら》一御懸念希《ねがいあげ》上候、右之趣《おもむき》遠江守《とおとうみのかみ》殿へ今日者御書通申兼《かね》候間《あいだ》、貴君より宜敷《よろしく》御談合被レ下候様

仕《つかまつり》度《たく》奉《たてまつり》レ存候、先《まず》ハ指《さし》急キ草々頓首、御覧後御火中

七月十九日

〔別紙〕

一御発来月上旬八日ニ可二相成一事

一酒井来ル廿五日

一外出平常ノ通りニて宜敷由

一水老ノ事

⑧　安政五年九月十四日　伊達宗城宛井伊直弼書翰

〔書翰表〕宇羽（ママ）島公　貴答　比古根《ひこね》

〔封紙表〕伊　遠江守様　内用　貴答　井　掃部頭

拝見致候、俄《にわか》之冷気ニ候処、弥《いよいよ》御安清奉《たてまつり》レ賀候、従《より》レ是も彼是《かれこれ》御不音、不本意之至り候、然《しかれ》者御代替《だいがわり》［＝徳川家茂への将軍宣下］御礼之義ニ付御心付被二仰下《おおせくだ》一、忝《かたじけなく》存候、右者評議中ニ候間《あいだ》、閣老江も相咄《はなし》置可レ申候、今日者別而《べっして》退出遅ク只今帰宅早々貴答如レ此候、頓首

九月十四日

御追書　忝《かたじけなく》候、折角《せっかく》御自愛被レ成候様奉《たてまつり》レ存候、乍《ながら》レ未過日より御風邪之趣《おもむき》、如何哉《いかがや》、御案事申候、

御加養専一奉《たてまつり》レ存候、猶又

御同苗様［＝前宇和島藩主伊達宗紀］ニも御風邪之由《よし》、御見舞宜敷《よろしく》被二仰上《おおせあげ》一可レ被レ下候、以上

⑨　安政五年十一月二十七日　伊達宗紀宛井伊直弼書翰（写）

〔書翰表〕春山入道様　内用　貴答　掃部頭

昨夜者貴翰拝誦候、雪故別而《ゆえべっして》寒強候処、弥《いよいよ》御安（ママ）奉レ賀候、然者《しかれば》吉水《よしみ》一条［＝宇和島藩士吉見左膳が幕府に捕えられた件］御心配之趣《おもむき》、御尤《もっとも》存候、右者委敷《くわしき》義小子も未た弁《わきま》へ不レ申候へ共、日下部伊三次［＝薩摩藩士、いわゆる戊午の密勅降下に関与］ハ懇意之趣《おもむき》に而、何か書物に有レ之、夫故《それゆえ》に呼出、尋ニも相成候由《よし》ニ候、御家之瑕瑾《かきん》［＝きず］ニ相成候様之義者無レ之、格別之御心配ニ者及間敷《まじき》事与存居候、初より承《うけたまわ》り候ハヽ、又々御内談申方《もうしかた》も可レ有レ之処、跡ニて承知仕《つかまつり》、致方《いたしかた》も無レ之事ニ候、此上之処相含《ふくみ》居可レ申候

一御改名夫々目出度奉《それぞれめでたくたてまつり》レ存候、猶又伊予守殿［＝前宇和島藩主伊達宗城］隠居御礼之義、其御家御先格御しらへとハ存候得共、□（多カ）（虫喰い）分、病気隠居之節、名代ニ而御礼申上度《たし》と願書出候事ニ付、左様相成候方御都合宜敷《よろしき》趣《おもむき》ニ付、御留守居呼出し、無二急度一内教致置候□□（虫喰い）今朝和泉［＝和泉守、西尾藩主松平乗全《のりやす》、老中］方へ御引替之義御申立ニ相成候御都合与存候、是又御心配之筋ニ而者無レ之候得共、序《ついで》なから一寸《ちょっと》申上置候

一来年御国元へ御入湯御願《ねがい》之一条者、御尤《もっとも》之義、御同意ニ存候、猶又御咄《はな》し申度《たき》義も有レ之、廿九日夕御出可レ被レ下候、只今出城懸《がけ》大乱筆御用捨可レ被レ下候、艸々頓首

十一月廿七日

三　逸事史補関係史料

「逸事史補ニ対スル弁明書」の「実際話」

実際話

先年春岳賢兄〔＝松平慶永《よしなが》〕等幕府ノ厳譴《げんけん》〔＝きびしいとがめ〕ヲ蒙《こうむ》ラレシ時、岳兄〔＝松平慶永《よしなが》〕ヨリハ永訣ノ密書ト持訓ノ曲尺ヲ夜半照手セリ、其時下官〔＝伊達宗城《むねなり》〕ノ胸間切歯悲憤断腸ニ堪《たえ》ズ、屋敷遠方故《ゆえ》、我身ニハ未タ及バズ、端坐暁ニ至ル、翌〔日〕(抹消)〔朝〕(加筆)水〔＝徳川斉昭《なりあき》〕・尾〔＝徳川慶恕《よしくみ》〕・越〔＝松平慶永《よしなが》〕・土〔＝山内豊信《とよしげ》〕云々《うんぬん》ヲ伝承、弥《いよいよ》以厳譴《げんけん》使ノ沙汰ナキヲアヤシミケルニ、五半時〔＝午前九時〕過《すぎ》〔井〕(加筆)伊氏〔＝井伊直弼、当時大老〕ヨリノ使《つかい》ナリトテ山口丹波守〔＝山口直信、伊達宗城の実兄〕来ル当時大目付、下官実兄也、及二面会一候処、掃部頭《かもんのかみ》〔＝井伊直弼〕ヨリ、昨夜水・尾・越・土へ云々《うんぬん》御沙汰相成候所、兼々《かねがね》御直話《じきわ》ニモ承《うけたまわり》居候通リ、御同志之面々ニ付、嘸々《さぞさぞ》御驚キ且《かつ》御残念ニ存シ可レ被レ成候得共、何分不レ得レ止《やむを》訳ニテ夫々《それぞれ》御咎《とがめ》被二仰付《おおせつけ》一候事ナカラ、御手前様［＝伊達宗城《むねなり》］ニハ、是迄御誠実ニ被二仰立《おおせたて》一候故《ゆえ》、前段不レ被レ及二御沙汰一、此上弥増《いやます》無二御心配一御忠勤被レ尽候様、別而《べっして》御頼ミ申度《たく》、御続柄《つづきがら》［＝彦根藩初代藩主井伊直政の娘亀姫が宇和島藩初代藩主伊達秀宗の妻という姻戚関係］モ有レ之旁、内々丹波守ヲ以申入候トノ主意ナリ、此方《こなた》答、如レ仰、昨夜之御沙汰痛歎遺憾之至《いたり》、昨夜より自分モ同様蒙《こうむる》二厳譴《げんけん》一筈《はず》ノ処、屋敷程遠故《ゆえ》時刻移ルコト歟《か》ト存居候際、御内使ト承リ、甚不審存候得共、豈料《あにはからん》ヤ、同意・契約互ニ尽力申居候越・土ヘハ厳重ノ御沙汰ニ相成、共〱周旋致居候自分ニハ無二御咎《とがめ》一、猶此上忠勤候様御諭達之趣《おもむき》、意外千万絶二言語一候、此上ハ越・土同様早々厳譴《げんけん》被二仰付《おおせつけ》一度《たく》、他念無二御坐一ト申述、跡ニテ実兄ヘモ、如何《いかに》鉄面皮ノ井伊ニテモ、共〱焦慮苦心尽力セル知己ノ越・土ヲ厳譴《げんけん》シテ、自分ヘ対シ云々《うんぬん》被二申越一候段、驚入外《ほか》ハ無レ之、亦越・土之同意友人ヘ対（シ抜ケカ）テモ、自分壱人無事ニ罷《まかり》在、何ノ面目可レ有レ之哉《や》、一日モ早ク公然御咎《とが》メ有レ之方安心本懐存候故《ゆえ》、無二顧念一井伊ヘ返答候様頼《たのみ》帰ス

○前述之次第故《ゆえ》、今夜歟《か》明朝ハ如二越・土一御沙汰可レ有レ之、江戸之見ヲサメ且《かつ》英国ヨリ献上ノ小蒸船品海［＝江戸品川沖］ヘ廻居候趣《おもむき》モ伝承候得者、一《ひと》見物シテ春山［＝伊達宗紀《むねただ》］住居広尾邸ヘ可レ参ト、宗徳［＝伊達宗徳《むねえ》］召連レ騎馬計《ばかり》ニテ九ツ半［＝午後一時］頃ヨリ品川御殿山ヘ参候処、小蒸舩モ不レ見、直ニ広尾ヘ参《まいり》、今朝井伊内使ノ山口ト応答之儀陳情候処、春山より、先刻井伊ヨリ奉札ニテ、今夜及二内話一度《たき》要事候故《ゆえ》、参候様申来〔居〕（抹消）、承知返答ニ及候トノ話ニ付、山口ヘ申述候主意反復吐露、尚井伊ヘ可然運ヒ候様ト頼《たのみ》候得者、致二承知一トハ申聞候得共、何歟《なにか》心中当惑ラシク被レ察候

○(抹消)〔翌朝家来広尾ヨリ呼寄、昨夜井伊内話之赴《おもむき》春山ヨリ申含、罷《まかり》帰、自分へ申聞候ニハ〕(加筆)〔翌日広尾へ昼
前参候処〕、井伊ヨリ、今朝山口ヲ以内々遠江守《とおとうみのかみ》殿〔＝伊達宗城《むねなり》〕へ申入候処、御不承知ニテ、段々御存
意之趣《おもむき》御返答承《うけたまわり》、(抹消)〔□□〕(加筆)〔一応〕一致ニ御心配被レ成候越・土へ被レ対テノ御心底、御尤《もっとも》ニモ候得
共、遠江守《とおとうみのかみ》殿ハ、紀州家ニ御治定迄ハ厳敷《きびしく》被二仰立《おおせたて》一候得共、私ヨリ御内決之儀及二御噂一候後、強《しい》而不二
仰立《おおせたて》一、至極《しごく》御誠意之儀ニ付、外《ほか》々同様之御沙汰ハ(抹消)〔勿論〕不レ被二仰出《おおせいだ》一訳候処ヲ、遮テ越・土両人之通《とおり》
御咎《とがめ》ヲ御望ミ候ハ、不為ニテ、亦《また》御沙汰ニモ(抹消)〔不〕(加筆)〔難〕レ被レ及、乍《ながら》レ然《しかし》御朋友之実情、如二是迄(抹消)〔□□□□〕
(加筆)〔通一ニテハ〕御気ズミ被(不脱カ)レ成候ナラ、御願之上御隠居被レ成候テハ、(脱アルカ)不レ外《ほかなら》御間柄ニ付役場ヲ離レ無二腹蔵一
処ヲ御内話申ストノ事、春山モ、井伊之考通《どおり》に致テハ如何《いかが》トス丶メ候ニ付、自分ニ於テハ、越・土両兄同
一致ニ致二尽力一候故《ゆえ》、同罪ニ可レ有レ之、井伊ヨリ(抹消)〔近〕親類之私情等ヲ以云々《うんぬん》ハ尚更《なおさら》不面目ト心得候、
兎角《とかく》同様之御処置ヲ望候、尤《もっとも》如二両兄一御沙汰難《がたく》レ被レ成候ハ丶、セメテ(抹消)〔隠居〕(加筆)〔公然〕幕命ヲ以隠居致
度《たし》ト再《ふたたび》希望候処、春山ニハ、右様相成ハ家瑾ニモ相成、幸大老ヨリ内意候故《ゆえ》、此場ニテ(抹消)〔穏〕平穏之願ニ
依り隠居候方(抹消)〔□□〕(加筆)〔可レ然《しかる》〕ト誘諭《さそいさとし》縷々(カ)ニモ候故《ゆえ》、甚残念ニ候得共、遮テモ難《がたく》レ申、其意ニ任セ候、
先年容堂兄ヨリモ直接ニ狡猾《こうかつ》手段云々《うんぬん》ト不平之(加筆)〔内〕話候故《ゆえ》、前述実情及二吐露一候処、氷解シテ誣言《ぶげん》ヲ
(加筆)〔陳〕謝シ(抹消)〔タリ〕(加筆)〔一笑〕セリ、春岳〔＝松平慶永《よしなが》〕(抹消)〔兄〕(加筆)〔賢〕台へハ其前之談ト推察ス

誣

「逸事史補ニ対スル弁明書」の「実際話概略」

（袋紙）「必用御書／逸事史補ニ関スル事」

実際話概略

先年水〔＝徳川斉昭《なりあき》〕・尾〔＝徳川慶恕《よしくみ》〕・越〔＝松平慶永《よしなが》〕・土〔＝山内豊信《とよしげ》〕諸君幕府之厳譴《げんけん》〔＝きびしいとがめ〕ヲ蒙《こうむ》ラレシ時、岳兄〔＝松平慶永《よしなが》〕よりハ其夜半密使ヲ以テ訣別含意之懇書ニ持訓之曲尺一箇ヲ到来シ、起床忙読シテ胸間切歯悲憤痛悶ニ堪《たえ》ス、此事我ニ及バヌハ、居邸程遠故《ゆえ》幕令遅延ナラント思為シ、端坐暁ニ至ルモ無異ナリ、翌日五ツ半〔＝午前九時〕過《すぎ》井伊〔＝井伊直弼〕ノ使《つかい》ニ山口丹波守〔＝山口直信、伊達宗城の実兄〕来ル当時大目付、下宮実兄ナリ、改テ居間書院ニ於テ面会ス、丹波守より井伊ノ口上大意左ノ通《とおり》

昨夜ハ水・尾・越・土云々《うんぬん》ニ御沙汰相成候処、兼々《かねがね》御同志之儀、御驚ト存候、何分不レ得レ止《やむ》都合故《ゆえ》、承知可レ申、尚御自分ニハ是迄被レ竭《つく》二御誠実一候故《ゆえ》、御同志ナ（加筆）〔ガ〕ラ、別段不レ及二心配一、此上弥《いよいよ》以西丸様〔＝将軍世子、十四代将軍徳川家茂《いえもち》〕ヘモ御忠勤有レ之度《たし》ト存候ニ付、丹波守ヲ以内々申述候

自分ヨリ即答

御申越ノ通り、昨夜ハ皆々蒙《こうむり》二厳譴《げんけん》一、是迄同意尽力致（加筆）〔居〕候処、忠モ不忠ト相成、残念之至《いたり》、痛歎之（抹消）〔別〕（加筆）〔外〕無二御坐一、素より各《おのおの》抛《なげうち》二一身一居候儀ニ付、於二拙者一御沙汰ニハ驚不レ申候得共、掃部頭殿

［＝井伊直弼］より、同志契約共ニ周旋致シ居候者ヲ被㆓厳譴《げんけん》㆒、拙者壱人ヘハ此上忠勤ヲ尽候様御申聞有㆑之ニハ、実ニ驚入申候、折角《せっかく》、何故御咎《とがめ》ノ御沙汰御延引ニ相成候哉《や》、今暁已来不審ニ存居候処、豈料《あにはからん》や右様之御申諭可㆑有㆑之トハ意外千万絶㆓言語㆒候、御承知之通《とおり》、一心合体周旋ニ及候拙者、越・土両人ト同罪ニ付、一日も早く同様御咎《とがめ》被㆓仰付《おおせつけ》㆒候得者本懐安心致も、御申聞之筋、一向分り不㆑申右之通《とおり》及㆓返答㆒候末、尚丹波守へも、実ニ大老モ鉄面皮人ニテ、同志ノ友達ヲ厳譴《げんけん》シナカラ、自分ニハ不㆓相替《あいかわら》㆒忠勤シロトハ、義理人情も不㆑分、驚入候、何分自分壱人何之面目ノアルヘキ、早々公然御沙汰候様依頼致候由《よし》申置候

○前述之次第故《ゆえ》、今明日中に者可㆑蒙《こうむる》㆓御咎《とがめ》㆒、左候時ハ両親住邸ヘモ難《がたく》㆑参、江戸ノ見ヲサメ、且兼《かつかね》而英国より御到来ノ小蒸舩モ品川海ニ碇泊ト承《うけたまわり》候故《ゆえ》、九ツ半［＝午後一時］頃より倅《せがれ》［＝伊達宗徳《むねえ》］同伴、騎馬計《ばかり》ニテ御殿山迄参候処、小蒸舩も不㆓見受㆒、夫《それ》より広尾別邸へ参、春山老人［＝伊達宗紀《むねただ》］へ今朝山口ノ井伊［＝大老井伊直弼］使《つかい》ニ参候応答相話候処、大ニ当惑之容子ニテ、先刻井伊より自書にて、致㆓内談㆒度《たき》要事有㆑之故《ゆえ》、今夜参候様トノ案内ニ付、暮頃より出掛可㆑申含《ふくみ》ト承候ニ付、呉々《くれぐれ》跡ニ〔□〕（抹消）〔壱〕（加筆）人残居、心苦敷難《しくがたく》㆑堪《たえ》候得者、早々厳譴《げんけん》御沙汰出候様話合之儀依頼申置候

○翌朝広尾へ参候得者、老人［＝伊達宗紀《むねただ》］より、昨夜も例之通《とおり》井伊方へ参、休息ニテ逢（老人ハいつも休息へ通、女中給仕也）候処、此度《こたび》水戸始御承知之厳咎《げんきゅう》を蒙《こうむり》候処、遠州殿［＝伊達宗城《むねなり》］ニハ、最初より御同志ニテ、西丸儲君［＝将軍徳川家定の世子］ニ一橋［＝徳川慶喜《よしのぶ》、当時一橋家主］ヲ被㆓仰立《おおせたて》㆒御心配候処、其人々右様之次第ニ相成候故《ゆえ》、父子様共

嘸々《さぞさぞ》御心痛ト察入、今朝不レ他《ほかなら》山口ヲ以遠州殿へ愚意無二服(腹カ)蔵一申述候処、段々御不落意之趣《おもむき》御申聞処、一応御尤《もっとも》候得共、遠州殿ニハ、先日西丸様ハ紀州家ニ御治定候由《よし》内々御噂申候後ハ、遮テ御申立も無レ之、御誠実之儀ニ付、厳譴《げんけん》之御沙汰ハ勿論無二御坐一、乍《ながら》レ然《しかし》同志之親友へ被レ対御心スミ難《がたく》レ被レ成候得者、無レ止《やむ》、御願之上御退隠被レ成候テハ如何哉《いかがや》、乍《ながら》二失敬一不レ他《ほかなら》御間柄《あいだがら》〔＝彦根藩初代藩主井伊直政の娘亀姫が宇和島藩初代藩主伊達秀宗の妻という姻戚関係〕ニ付、心付申上試との事故《ことゆえ》、御深(ママ)切忝《かたじけなく》、尚本人へも可二申談一ト答置候、右様之都合故《ゆえ》、頼談之主意不二申述一候、此儀如何哉《いかがや》、老人より尋候ニ付、愚見ニテハ井伊之心添ハ深(ママ)切ニ似テ不深(ママ)切ニ相考候、一体一橋殿之事申立候精神ハ三人同一致にて更ニ深浅厚薄ハ胸間ニ無レ之、亦《また》紀州へ御治定後、井伊ハ自分受持ニ付、三度迄請願申立居候位《くらい》之仕合《しあい》ナルヲ、依願隠居ニテハ真ニ同志之知己へ面皮モ無二御坐一候故《ゆえ》、願《ねがわく》ハ公然同罪之御沙汰ヲ希望申候、老人より、ソレモ尤《もっとも》ナカラ大老モアノ通《とおり》被二申聞一候故《ゆえ》、願《ねがわく》ハ家瑾ニナラヌ方ヨロシク、隠居シタラ朋友諸君へモ失二面目一候程ノ義ハ有レ之間敷《まじく》、願《ねがわく》ハ此所ニ決シタキモノト申聞候故《ゆえ》、左様ナラハ幕命ヲ以退隠仕度《つかまつりたし》ト亦《また》申述候得ハ、井伊之口気此上幕より御沙汰ニハ被レ及カねル容子ト察候故《ゆえ》、願之上退隠ト決心致候得者、老人も満足之趣《おもむき》ニ付、不レ被レ得(止ヌケカ)其所ニ決心致候事、先年容堂兄〔＝山内豊信《とよしげ》〕より直接ニ此件ヲ以不平之内話候故《ゆえ》、前陳之情実ヲ吐露ニ及候得者、疑惑も氷解シ、誣言《ぶげん》ヲ謝シ、終《つい》ニ一笑致シ、然《しか》ルニ柳原〔＝柳原前光《さきみつ》、伊達宗城の娘初《はつ》の婿〕申聞候通《とおり》、逸事史補へ愚老親友ノ両兄タル容堂兄ノ口ニ出テ岳兄コレヲ親書アリテハ、将来ヲ待タズ当時ニ於テ閲人信シテ不レ疑、実ニ誣《しい》ルモ亦甚《またはなはだ》シト言ヘク、宗城ノ汚名トナリ迷惑ノ至《いたり》候、

交誼ノ情ヲ以テ、両件删除《さんじょ》ノ末、伝写ノ者ヘモ御注意是祈候也
一月廿五日夜　弟　宗城

「逸事史補ニ対スル弁明書」の(端裏書)「逸事史補追記」

明治廿三年二月廿七日

正《しょう》二《に》位《い》様〔＝伊達宗城《むねなり》〕より、御用有レ之候に付参上候様御命ニ付、罷出候処、此頃松平春岳兄著述之逸事史補(抹消)〔与申随筆を内覧候処、右之内ニ〕(加筆)〔中記事ニ付、柳原より別紙之通《とおり》内示有レ之、尤《もっとも》之儀、先年〕徳川家継嗣之事ニ付議論有レ之候節、松平春岳兄并《ならび》ニ山内容堂兄・吾輩《わがはい》〔＝伊達宗城《むねなり》〕、当時之大老伊井(ママ)氏与議論不ニ相適《かなわ》一、遂《つい》ニ両兄共幕府より蒙《こうむり》ニ譴責一候処、吾ハ同主義有レ之候得共、別段咎《とがめ》之沙汰ニ不レ及、依レ願隠居被ニ仰付《おおせつけ》一候事ニ有レ之候、右ハ狡猾《こうかつ》ニして伊井(ママ)家へ賄賂《わいろ》ヲ送り免レタリト有レ之候得共、聊《いささか》右様之事ニ無レ之、委細別紙手続書之通り事実相違之義ニ候、然ルニ、多年兄弟同様ニ相交《まじわり》候春岳兄、如《ごとく》レ斯《かくの》相認《したため》ラレテハ、後世遂《つい》ニ虚ヲ以テ実ト為スニ至ルヘシ、且《かつ》又柳原前光、維新後上野戦争前徳川家へ為《として》ニ勅使一参向候節、戦栗(慄カ)云々《うんぬん》ト有レ之、是亦《また》事実無レ之事ニ付、岳兄へ修正アランコトヲ頼ミ度《たし》ト存候得共、同兄病気ニ有レ之返而難義ニ可レ有レ之候間《あいだ》、汝〔＝宇和島伊達家家令某〕家令武田正規ニ依頼スヘシ、尤《もっとも》随筆之事ニ有レ之候間《あいだ》、岳兄ニ対し聊《いささか》不満之意ハ毛頭無レ之候ニ付、呉々《くれぐれ》其辺《あたり》可ニ申述一旨、御命ニ有レ之候

一同廿八日、武田正規へ面会(抹消)〔令仕〕(加筆)〔致〕候上、御主意相話候処、同人申候ニハ、実ハ逸事史補ハ私も拝見不レ仕《つかまつら》候処、過日初而一覧仕《つかまつり》候、御随筆ニ付誤謬之義数々可レ有ニ御坐一ト存候に付、右ハ他へ御差出無ニ御坐一様申上置候、然《しか》ルニ前以渡辺洪基へ他見を禁シ御貸ニ相成候事御坐候旨ニ御坐候処、

正二位《しょうにい》公ハ何《いず》レより御覧ニ相成候哉《や》申候ニ付、実ハ柳原公、渡辺氏より御借受ニ相成、又内々御借覧ニ相成候旨申候処、然《しか》レハ相違も無二御坐一、誠ニ以恐縮之至りニ御坐候、早速主人ニも相話、修正ハ素より渡辺ニモ承《うけたまわ》リ糺《ただし》候、若《もし》内覧為レ致候処外ニ有レ之候ハヽ、其方も探索致、飽迄《あくまで》モ御不都合無二御坐一様可レ仕《つかまつる》候間《あいだ》、宜敷取成《よろしくとりなし》申上呉度《くれたく》申候事

三月五日

柳原公御意ニハ、兼《かね》而松平春岳《しゅんがく》著述之事ニ付、正二位《しょうにい》様へ申上候事有レ之候処、足下［＝宇和島伊達家家令某］ヲ越前家令へト被レ遣、修正ノ事ヲ被レ談候旨、附《つい》而者渡辺洪基より申候に者、右ニ付春岳、病中不二容易一心配、伊達トハ多年親密ニ相交候処、右より交際ヲ破候而者不本意至極《しごく》、且《かつ》宇和島人怨ヲ含《ふくみ》候様之事有レ之候而者不二相成一与被レ申候、病気ニも相障《さわり》候位《くらい》之旨、誠ニ以気之毒事ナリ、附《つい》而者右ハ修正スル事ニ決候間《あいだ》、何分勘弁致呉《く》レ度《たし》ト申事ニ而、伊達家へ宜敷申入レ候様被二相頼一候間《あいだ》、伊達ニ於テモ春岳《しゅんがく》サンニ対し聊《いささか》不平之義無レ之、修正ニハ是非不二相成一而ハ困り候旨申置候、正二位《しょうにい》サンニ可二申上一旨

同月廿二日、武田正規氏面会候処、過日御話御坐候逸事史補之義ニ付、早速ニ春岳ニも申、誠ニ以心配、渡辺洪基呼寄、取糺《ただし》候ハヽ、柳原公ハ多年之親友ニ有レ之候、為レ見候得共、他ニハ決而貸候事無レ之旨ニ御坐候間《あいだ》、段々御家并《ならび》ニ柳原公之事も申聞候処、誠ニ以恐入候次第、早々申上方無レ之、附《つい》而者柳原公へハ自分より申上、伊達公ニも御詫可致、亦且《またかつ》右著述ハ修正致、差支《さしつかえ》不レ申候処丈《だけ》相残し可レ申旨相談之上決着仕《つかまつり》

候間《あいだ》、何分宜敷《よろしく》御詫申上度《たく》、春岳《しゅんがく》より被二申聞一候ニ付、二位様へ申上呉度《くれたく》重々申出、兼《かね》而相渡置候
正二位《しょうにい》様御書取并《ならびに》柳原公御書附返却候間《あいだ》、受取、早速
正二位《しょうにい》様に奉《たてまつり》二言上一候事

「逸事史補ニ対スル弁明書」の「柳原前光書翰」

(封筒表)「浅草今戸町二十二番地／伊達宗城殿　親披／柳原前光」(封筒裏)「緘」

春岳《しゅんがく》老人［＝松平慶永《よしなが》］自著ノ逸事史補一冊、越前人［＝渡辺洪基］ヨリ内借、閲見候処、其内ニ、御互両人ニ於テ誹毀《ひき》［＝そしり］ヲ蒙《こうむ》リ候事有レ之、即《すなわち》別冊ニ提札致シ貴覧ニ供シ、且《かつ》其事由左ニ略列候

一水戸［＝徳川斉昭《なりあき》］・尾張［＝徳川慶恕《よしくみ》］・容堂［＝山内豊信《とよしげ》］等幕府ノ厳譴《げんけん》［＝きびしいとがめ］ヲ蒙《こうむ》リシカ、独《ひと》リ伊達宗城ハ此譴ヲ受ケス、後日容堂ノ密話ニ依レハ、宗城狡猾ニテ水戸以下厳譴《げんけん》ヲ受クルヲ聞キ、井伊ニ朝夕諂佞《てんねい》［＝媚びへつらい］ヲ呈シ、重代ノ茶碗等ヲ送リ、此庇陰ニテ譴ヲ免レタリ、此容堂ノ密話ハ後世ニ伝ラサルユヘ記臆ノママ之ヲ記ストアリ

　積年交誼親密ナル春岳ニシテ之ヲ筆記シ置クトキハ、聞見スル諸人ハ此説ヲ信用シ、老台ノ面目ヲ損スルコト些少《さしょう》ニ非ス、或大臣此著書ヲ信シタルコトアリ、影響注意スヘシ

一明治元年、前光、故橋本実梁《さねやな》ト与《とも》ニ勅使トシテ江戸城ニ入リシ時、勅使ハ実ニ戦々兢々《きょうきょう》トシテ声モ揮《ふる》ヒテ肌生粟ノ景況ナリ

　此時ハ幕臣等洶々《きょうきょう》トシ暴挙ノ企《くわだて》モアリタリ、然《しか》レトモ入城ノ時ハ数千ノ従兵ヲ留メテ率《ひき》ヒス、勅使僅少ノ随員ニテ入城シ、橋本ハ勅使ノ上席タルユヘ勅諭ヲ朗読シ、田安中納言［＝徳川慶頼、当時田

安家主〕ハ慶喜ニ代テ之ヲ承《うけたまわ》リタリ、別ニ戦々兢々《きょうきょう》狼狽ノコトナシ、何ヲ証拠トシ之ヲ記シ名誉ヲ毀損セシムル乎《か》、且春岳《かつしゅんがく》ハ此時西京ニ在リ、実況ヲ知ルヘキナシ、恐ラク訛伝《かでん》〔＝まちがった伝え〕ヲ信セラレシナラン、乞フ之ヲ删除《さんじょ》センコトヲ

（端裏鉛筆書）「逸事史補修正之件」

明治廿三年二月廿七日

正二位様［＝伊達宗城《むねなり》］へ、御用被レ為レ在候間《あいだ》参上候様御命ニ付、罷《まかり》出候処、

正二位様御意ニハ、柳原前光より、松平慶永著述ニ相成候逸事史補ニ、此方并《ならびに》ニ柳原ニも相関スル義有レ之候処、全《まったく》訛伝《かでん》［＝まちがった伝え］ニ出、実事ニ相違之義有レ之候処、松平兄トハ兄弟同様ニ親密ナル間柄《あいだがら》に付、右様誤謬之義後世へ相伝ハリ候而者、遂ニハ虚ヲ実ニスル事ニ可二相成一候間《あいだ》、岳兄へ直ニ面語修正を頼度《たのみたし》ト存候処、此節病気ニ付、過日も参向候得共不レ得二面会一候間《あいだ》、其方、松平御家令武田正規ニ面会之上、具《つぶさ》ニ誤之義相話、何卒《なにとぞ》修正ニ相成候様慶永様へ上申致呉《くれ》候様相頼可レ申旨御命ニ相成、此時、其節之実事御順序御認《したため》ニ相成書付并《ならびに》ニ前光様より御廻《まわし》ニ相成居候御手紙、御下《おくだし》ニ相成候事

一廿八日早朝、松平様御家令武田正規氏へ参り、面会致し、甚以《はなはだもって》突然ニ御坐候得共、兼《かね》而当老公春岳様御著述ニ相成候逸事史補申候御書物御坐候旨、右史補ニ、小生老主人宗城義、徳川時分御継子之事ニ付、則

御老公［＝松平慶永］・故山内容堂公御同意に而、水戸源烈公［＝徳川斉昭］御子様一橋公［＝徳川慶喜］ヲ御立ニ相成度《たく》御尽力ニ相成候得共、遂《つい》ニ其事不レ被レ行、

御老公ヲ始《はじめ》容堂公ニハ御譴責ヲ御蒙《こうむり》ニ相成候処、老主人［＝伊達宗城］に者御諭に而退隠ニ而相済候ハ、

全《まったく》狡猾《こうかつ》、賄賂《わいろ》ヲ以伊井(ママ)公〔=井伊直弼〕ヘ諂諛《てんゆ》〔=媚びへつらう〕ヲ致、先《まず》相免レ候旨〔御書附〕(抹消)御坐候由《よし》、
并《ならび》ニ柳原公之事も、一新時分於二東京一勅使御勤之節、戦栗(慄)云々《うんぬん》ト御坐候処、是以全《まったく》誤謬ニ御坐候間《あいだ》、
何卒《なにとぞ》御修正ヲ願度《たく》、老主人之事実ハ別紙之通り之順序ニ有レ之、聊賄賂《わいろ》等相送候事無二御坐一、柳原公之事も
事実無二御坐一事ニ付、何卒《なにとぞ》可レ然《しかる》、尤《もっとも》御聞キ書ニ付、両侯共更ニ
春岳公ニ御対し被レ成、聊御不満足ハ無二御坐一候得共、後世相伝り候を甚《はなはだ》厭《いとい》候訳ニ御坐候間《あいだ》、其段
不レ悪《あしから》願申候旨申候処、
武田答《こたえて》曰《いわく》、折角《せっかく》逸事史補申書ハ自分も更ニ承知不レ仕《つかまつら》候処、伊井(ママ)家之開国始末世ニ顕レ候より、水戸
徳川家之事等逐々伝ハリ候事有レ之ニ付、段々
老主人〔=松平慶永〕ニ承り候処、逸〔補〕(抹消)〔事〕(加筆)史補与申手控有レ之、他ニ為レ見候事ハ無レ之候得共、渡辺
洪基より達《たっ》而内覧を願出候間《あいだ》、固ク他見を禁、貸下候旨被レ申候に付、右書物披見候処、従而聞従而書候
者に而、水戸家之事抔《など》訛伝不レ少候間《あいだ》、右ハ他見不レ宜候御書ニ付、〔□〕(抹消)此(カ)内修正いたし候主意ニ而御下
ニ相成、堅封中仕、遣候処、如何《いか》ナル手続に而
老公〔=伊達宗城〕御覧ニ相成候哉《や》与申候ニ付、柳原公与渡辺氏ハ格別御親敷《したしく》被レ為レ在候御中ニ付、渡辺氏より
御借覧ニ相成、右を老主人〔=伊達宗城〕に而一見候旨相答候、武田氏、誠ニ以御聞候次第、御沙汰之通り

（後　欠）

【解説】

伊達宗城の隠居顛末

藤田　正

一　史料の内容

公益財団法人宇和島伊達文化保存会（以下、保存会と略記）の貴重な所蔵史料を順次翻刻する「宇和島伊達家叢書」（以下、「叢書」と略記）の第二集のテーマは、「伊達宗城隠居関係史料」である。「叢書」第一集「井伊直弼・伊達宗紀密談始末」の続編にあたり、保存会所蔵史料の中から伊達宗城の隠居に関わる記録類を採録した。内容は、「伊達宗城隠居関係史料」「伊達宗紀・宗城宛井伊直弼書翰」「逸事史補関係史料」の三章構成である。以下、各章ごとに採録史料の概要を記すこととする。

（一）「伊達宗城隠居関係史料」

この章には、

・「御退隠之件」
・「掃部退引の議誘説の件」
・「大屋形様御退隠之件ニ就テ桜田外四家老ヨリ御小性頭へ贈リシ書翰」
・「家老へ下候大意」

の四点を収録した。

「御退隠之件」は、縦約二〇㎝、横約一〇八㎝の厚手の和紙に墨書された史料で、筆跡は伊達宗城本人のものと考えられる。末尾に「九月廿九日」と記されていることから、安政五年（一八五八）九月十六日に大老井伊直弼より宇和島藩主の「退引」を督促された伊達宗城が、九月二十九日、江戸麻布龍土の宇和島藩上屋敷で隠居を覚悟した心境を国元の家老衆へ伝える内容となっている。本書中で宗城は、徳川幕府への「忠誠」を心がけ、我が身は「潔白」であるが、このことを申し張っても「奉《たてまつり》レ対二御歴代様一恐入候事と相至候故《ゆえ》」、宇和島藩主の隠居を「致二覚悟一候き」と、その心情を吐露している。記述には多数の抹消・加筆が見受けられ、この史料が下書きであることを明示しているが、数多くの抹消・加筆は、宗城の割り切れない胸の内を如実にあらわしているようである。保存会の分類番号は、甲御直書類朱一〇四である。

「掃部退引の議誘説の件」は、「御退隠之件」の清書に基づき、明治期に入ってから青線二〇行罫紙（縦約二四㎝×横約三三㎝、「東京　榛原製」の柱刻あり）三枚に筆写した史料と考えられる。但し、「御退隠之件」の清書は保存会で確認されていない。また、末尾にある「家老衆へ遣候愚詠」は「御退隠之件」には存在せず、同内容の宗城の詠歌は、次の「大屋形様御退隠之件ニ就テ桜田外四家老ヨリ御小性頭へ贈リシ書翰」末尾に記載がある。保存会の分類番号は、雑記録二三―二八である。

「大屋形様御退隠之件ニ就テ桜田外四家老ヨリ御小性頭へ贈リシ書翰」は、縦約三二㎝×横約四五㎝の和紙を縦ふたつ折にし、三枚綴って記録した史料で、「御小性《（ママ）》頭中様／御披露／桜田玄蕃／桑折左衛門／志賀九郎兵衛／宍戸弥左衛門／松根図書／〔隠《（加筆）》居家督之御書〕」と表書きのある内包に入っている。その中身は、伊達宗城が安政五年九月二十九日付で宇和島藩主退隠の覚悟を国元の家老衆へ伝えるという危急の事態を受けて、在宇和島の五名の家老（桜田玄蕃・桑折左衛門・志賀九郎兵衛・宍戸弥左衛門・松根図書）が藩内の憤りと不安を伝え、今後の家督相続等について江戸の小姓頭宛に提出した安政五年十月十二日付の申入書である。なお、末尾に宗城の退隠の心境を詠った和歌が貼付されている。保存会の分類番号は、甲御書翰類朱四である。

「家老へ下候大意」は、縦一七㎝×横約四八㎝の和紙に墨書された史料で、筆跡は伊達宗城本人のものと考えられる。安政五年十一月二十三日、大老井伊直弼の督促に従って致仕《ちし》［＝官職を辞すること］した宗城であったが、藩政運営等について家老衆から指示を仰ぐ事態が続いていたため、「安五午霜月晦」［＝安政五年十一月晦日］付で、「退隠後政務一切致二関係一間敷《まじき》旨」をあらためて家老衆へ伝えた申渡書である。保存会の分類番号は、甲御直書類朱六三である。

（二）「伊達宗紀・宗城宛井伊直弼書翰」

この章には、

・伊達宗城宛井伊直弼書翰　六通
・伊達宗紀宛井伊直弼書翰　三通

計九通の井伊直弼書翰を収録した。保存会所蔵の井伊直弼書翰として確認されている史料はこの九通が全てで、いずれの書翰も安政五年（一八五八）に記されたものと考えられる。なお、保存会には、実物の書翰史料とは別に、明治期以降に全ての書翰史料を翻刻した稿本資料も保管されており、この井伊直弼書翰も、『（稿本）御書翰類』第四・五・六巻に翻刻文が掲載されている。

書翰①は、縦一六㎝×横約四四㎝の和紙に墨書され、封筒表の宛名に「伊遠江守様」、書翰末尾に「四月廿二日」とあることから、安政五年四月二十二日付の伊達宗城宛書翰と比定される。筆跡は井伊直弼本人のもの。内容は、井伊の大老内定の祝賀に対し礼を述べ、宗城の桜田門外井伊家上屋敷への訪問は明朝「五ツ時〔＝午前八時〕」でお願いしたい旨を伝えたもの。保存会の分類番号は、乙御書翰類黒一〇―一である。

書翰②は、縦一六㎝×横六〇㎝の和紙に墨書され、封筒表の宛名に「伊遠江守様」、書翰末尾に「五月十四日」とあることから、安政五年五月十四日付の伊達宗城宛書翰と比定される。筆跡は井伊直弼本人のもの。内容は、井伊家上屋敷における昨夕（五月十三日）の密談は他言無用のこと、また密談内容に対する宗城の考えを示した書翰に「感服」したこと、さらに宗城から「内々御廻し」いただいた「三条より土州江之来書」は「一覧」したので「返上」することなどを伝えたもの。保存会の分類番号は、乙御書翰類黒一〇―七である。

書翰③は、縦一六㎝×横六五㎝の和紙に墨書され、書翰表の宛名に「宇和島様」、書翰後半に「六月廿日」とあることから、安政五年六月二十日付の伊達宗城宛書翰と比定される。筆跡は井伊直弼本人のもの。内容は、「惣出仕」に係る大老・老中の閣議は「又々例之横鎗」が入って「種々ノ指閊《さしつかえ》」が生じたが、「惣出仕」の期日は六月「廿二日」に決定したこと、また老中首座堀田正睦と老中松平忠固は「実ニ頼ミニ不二相成一」こと、福井藩主松平慶永や津藩主藤堂高猷《たかゆき》に会う機会があれば「可レ然《しかる》御伝声」をお願いすることなどを伝えたもの。保存会の分類番号は、乙御書翰類黒一〇―二である。

書翰④は、縦約一七㎝×横約六七㎝の花模様入り和紙に墨書され、書翰表の宛名に「宇和島君」、書翰末尾に「六ノ廿二夜」とあることから、安政五年六月二十二日付の伊達宗城宛書翰と比定される。筆跡は井伊直弼本人のもの。内容は、日米修好通商条約調印（六月十九日）を朝廷へ報告する方途についての協議、老中首座堀田正睦と老中松平忠固の罷免（六月二十三日）については「委細明日可二申上一候」こと、宗城の実兄山口直信の大目付就任の祝賀、今日「下田沖へ異船二十艘計《ばかり》見へ候と申事」などを伝えたもの。保存会の分類番号は、乙御書翰類黒一〇—四である。

書翰⑤は、縦一六㎝×横約七二㎝の和紙に墨書され、書翰表の宛名に「宇和島様」、書翰末尾に「六月廿二日」とあることから、安政五年六月二十二日（書翰④と同日）付の伊達宗城宛書翰と比定される。筆跡は井伊直弼本人のもの。内容は、老中首座堀田正睦と老中松平忠固が罷免（六月二十三日）に至った事情の説明、この罷免は「只管《ひたすら》上之御為方而已《のみ》心配いたし、上慮ヲ以取計《とりはかり》候」仕儀であり、前宇和島藩主の伊達宗紀へも「宜《よろ》しき様被レ仰《おおせ》」ること、日米修好通商条約の調印（六月十九日）は「案外早々」で「小子もあきれ」たが、これは「何分致方《いたしかた》も無キ次第」であること、そして最後に「何分〳〵貴君之御忠節ヲ力ニ致相勤」る井伊の心情などを伝えたもの。保存会の分類番号は、乙御書翰類黒一五—八七である。

書翰⑥は、縦約一五㎝×横約九七㎝の和紙に墨書され、書翰表の宛名に「伊伊予入道様」、書翰中に「昨日ハ尾州殿［＝名古屋藩主徳川慶恕《よしくみ》］・水府前中納言殿［＝前水戸藩主徳川斉昭］営中へ御推参」とあることから、安政五年六月二十五日付の伊達宗紀宛書翰と比定される。筆跡は井伊直弼ではなく、江戸の宇和島藩上屋敷で筆写されたものか。内容は、日米修好通商条約無断調印に抗議するため、一橋家当主徳川慶喜・田安家当主徳川慶頼（六月二十三日）、前水戸藩主徳川斉昭・名古屋藩主徳川慶恕《よしくみ》（六月二十四日）が相次いで不時登城した様子の説明、将軍徳川家定の世子に和歌山藩主徳川慶福が決定した旨を公表する期日は六月二十五日となったこと、そして「上之御為と相成候事なれハ身ハ捨候而も不レ苦候得とも、右等之人々［＝徳川斉昭・徳川慶恕《よしくみ》・松平慶永］之為ニおとされ候而ハ心外之至り」であることなどを伝えたもの。保存会の分類番号は、乙御書翰類黒一〇—六—三である。

書翰⑦は、縦約一七cm×横約一五四cmの水色ぼかし入り和紙に墨書され、書翰中に「貴君・遠江守殿［＝伊達宗城］」とあり、書翰末尾に「七月十九日」とあることから、安政五年七月十九日付の伊達宗紀宛書翰と比定される。筆跡は井伊直弼ではなく、江戸の宇和島藩上屋敷で筆写されたものか。内容は、急度慎中の前水戸藩主徳川斉昭の取り扱いは宗紀・宗城父子に任せるとのこと、ただ急度慎中の「隠印［＝前水戸藩主徳川斉昭］」は「京都へ御家臣ヲ被レ遣旁《かたがた》へ御書通等被レ成候様ニ而者御不慎之次第」であり、「御心得違・御不慎等御座候様ニ而者何分是非なく、此上之御沙汰ニも可二相成一次第」であることなどを伝えたもの。保存会の分類番号は、乙御書翰類黒一〇—六—一である。

書翰⑧は、縦一六cm×横約四五cmの和紙に墨書され、封筒表に「伊遠江守様」とあり、書翰末尾に「九月十四日」とあることから、安政五年九月十四日付の伊達宗城宛書翰と比定される。筆跡は井伊直弼本人のもの。内容は、徳川家茂将軍宣下への返礼に係る心づけに対して礼を述べ、宗紀・宗城の風邪を心配する旨を伝えたもの。保存会の分類番号は、乙御書翰類黒一〇—五である。

書翰⑨は、縦一五cm×横約六五cmの和紙に墨書され、書翰表に「春山入道様」とあり、書翰末尾に「十一月廿七日」とあることから、安政五年十一月二十七日付の伊達宗紀宛書翰と比定される。筆跡は井伊直弼のものではなく、江戸の宇和島藩上屋敷で筆写されたものか。内容は、十一月二十一日の宇和島藩士吉見左膳の捕縛は(補注)「格別之御心配ニ者及間敷事」、宗城の隠居に伴い、宗紀・宗城・宗徳の公式呼称の変更が恙なく行われ「目出度《めでたき》」こと、「来年御国元へ御入湯御願之一条者御尤《もっとも》之義御同意」のことなどを伝えたもの。保存会の分類番号は、乙御書翰類黒一〇―六―二である。

（三）「逸事史補関係史料」

この章には、

「逸事史補ニ対スル弁明書」として

・「実際話」
・「実際話概略」
・「逸事史補追記」
・「柳原前光書翰」の四点と
・「逸事史補修正之件」

の計五点を収録した。

「実際話」は、縦一六㎝×横九七㎝の厚手の和紙に墨書された史料で、筆跡は伊達宗城本人のものと考えられる。本書中に年月日の記載はないが、この史料の清書にあたる「実際話概略」が明治二十三年（一八九〇）一月二十五日付の筆記であることから、この数日前に記されたのではないかと推測する。この史料は、松平慶永編著『逸事史補』の記述への弁明目的から、安政五年（一八五八）七月五日夜から七日までの隠居決意にいたる経緯を宗城が思い起こして記録したものである。その内容は、松平慶永から「永訣ノ密書ト持訓ノ曲尺」を「照手」したこと（七月五日夜）、「掃部頭《かもんのかみ》〔＝大老井伊直弼〕ヨリ昨夜水〔＝徳川斉昭《なりあき》〕・尾〔＝徳川慶恕《よしくみ》〕・越〔＝松平慶永《よしなが》〕・土〔＝山内豊信《とよしげ》〕へ云々《うんぬん》御沙汰」があったので、宗城本人も「厳譴《げんけん》」受諾の覚悟を決めたが、大老井伊の使いとして宇和島藩上屋敷を来訪した宗城の実兄で大目付の山口直信からは、「御手前様ニハ是迄御誠実ニ被二仰立《おおせたて》一候故《ゆえ》」、「御忠勤被レ尽候様別《わけ》而御頼ミ申度《たし》」との大老井伊の申し入れがあったため、「共〳〵周旋致居候自分ニハ無二御咎《とが》一」ようでは「意外千万絶二言語一」ざる事態なので、「越・土同様早々厳譴《げんけん》被二仰付《おおせつけ》一度《たき》」旨を「無二顧念一井伊へ返答候様」山口直信へ依頼したこと（七月六日）、宗城は世子の宗徳とともに「江戸之見ヲサメ」として「英国ヨリ献上ノ小蒸舩」見物に品川御殿山まで騎馬で向ったこと（七月六日）、大老井伊より前宇和島藩主伊達宗紀へ内話があり、宗城から「御願之上御隠居被レ成候」てはいかがとの提案があり、宗紀からも「井伊之考通《どおり》に致テハ如何《いかが》トス丶メ」られたので、「其意ニ任セ」る決意をしたこと（七月六日）、この点は「先年容堂兄〔＝山内豊信《とよしげ》〕ヨリモ直接ニ狡猾《こうかつ》手段云々《うんぬん》ト不平之〔内〕（加筆）話」があったので、「実情及二吐露一候処、氷解シテ誣言《ぶげん》ヲ〔陳〕（加筆）謝」されたこと、などである。また、記述には多くの抹消・加筆が見受けられ、この史料は下書きと考えられる。保存会の分類番号は、甲御記録及御日記類朱三六―一である。

「実際話概略」は、縦一七㎝×横二五二㎝の薄手の和紙に墨書された史料で、「必用御書／逸事史補ニ関スル事」と表書きのある封筒に入っている。筆跡は伊達宗城のものではなく、伊達家右筆が筆写したものか。

本書末尾に「一月廿五日夜」とあり、年代は「逸事史補追記」から明治二十三年と比定されるため、明治二十三年一月二十五日付の記録と考えられる。中身は、「実際話」の内容を更に詳述して清書したかたちとなっており、結論として「逸事史補ヘ愚老［＝伊達宗城］親友ノ両兄タル容堂兄［＝山内豊信《とよしげ》］ノ口ニ出テ岳兄［＝松平慶永《よしなが》］コレヲ親書アリテハ将来ヲ待タズ当時ニ於テ閲人信シテ不レ疑、実ニ誣《しい》ルモ亦《また》甚《はなはだ》シト言ヘク、宗城ノ汚名トナリ迷惑ノ至《いたり》」なので、「交誼ノ情ヲ以テ両件刪除《さんじょ》ノ末、伝写ノ者ヘモ御注意」されたい旨を依頼している。保存会の分類番号は、甲御記録及御日記類朱三六―二である。

「逸事史補追記」は、縦一七㎝×横二九八㎝の薄手の和紙に墨書された史料で、筆跡は伊達宗城のものではなく、伊達家家令が記録したものか。本書冒頭に「明治廿三年二月廿七日」、本書中に「三月五日」「同月［＝三月］廿二日」とあることから、明治二十三年三月下旬頃の筆記と推測される。内容は、明治二十三年二月二十七日より三月二十二日までの一ヵ月弱、松平慶永編著『逸事史補』の記述修正に係る宇和島伊達家と福井松平家のやりとりを記録したものである。本書中には、宇和島伊達家家令と福井松平家家令武田正規との間での折衝の様子が記述されており、最終的には伊達家の修正依頼を尊重するかたちで解決がはかられることとなった。その概要は、『逸事史補』は福井松平家内々の随筆であるが、「多年兄弟同様ニ相交候春岳兄［＝松平慶永《よしなが》］如《ごとく》レ斯《かくの》相認《したため》ラレテハ後世遂《つい》ニ虚ヲ以テ実ト為スニ至」りかねない。幸い渡辺洪基・柳原前光・宇和島伊達家以外に内容を知る者はいないので、福井松平家家令武田正規から柳原前光と宗城へ「御詫致」した上で、宗城が「狡猾《こうかつ》ニして井伊家へ賄賂《わいろ》ヲ送り」譴責を免れた、或いは柳原前光が「維新後上野戦争前徳川家へ為《として》二勅使一参向候節」に戦慄した、といった「著述ハ修正致、差支《さしつかえ》不レ申候処丈《だけ》相残し可レ申旨相談之上決着」したいというものである。保存会の分類番号は、甲御記録及御日記類朱三六―三である。

「柳原前光書翰」は、縦二五㎝×横三三㎝の和紙を縦ふたつ折りにし、二枚綴って記録した史料で、「浅草今戸町二十二番地／伊達宗城殿　親酬／柳原前光」と表書きのある封筒に入っている。筆跡は柳原前光のものではなく、伊達宗城宛の柳原前光書翰を後年に伊達家で筆写したものか。本文は明治二十三年二月頃のことを記しているが、伊達家で筆写した年月日については判然としない。中身は、松平慶永編著『逸事史補』中の宗城・柳原前光に係る訛伝部分（「宗城狡猾ニテ水戸以下厳譴《げんけん》ヲ受クルヲ聞キ、井伊ニ朝夕諂佞《てんねい》ヲ呈シ、重代ノ茶碗等ヲ送リ、此庇陰ニテ譴ヲ免レタリ」「前光、故橋本実梁《さねやな》ト与《とも》ニ勅使トシテ江戸城ニ入リシ時、勅使ハ実ニ戦々兢々《きょうきょう》トシテ声モ揮《ふる》ヒテ肌生粟ノ景況ナリ」）を具体的に知らせ、その刪除を願うという内容である。保存会の分類番号は、甲御記録及御日記類朱三六―三である。

「逸事史補修正之件」は、縦一七㎝×横一八一㎝の薄手の和紙に墨書された史料で、筆跡は伊達宗城のものではなく、伊達家で筆写したものか。本文は明治二十三年二月二十七・二十八日の『逸事史補』記述修正をめぐる宇和島伊達家と福井松平家の折衝を記しているが、伊達家で筆写した年月日については判然としない。中身は、表現の違いが多少あるものの、前掲「逸事史補追記」とほぼ同内容である。但し、本文は後欠の状態となっている。保存会の分類番号は、雑記録一六―一一―八である。

以上が、「伊達宗城隠居関係史料」「伊達宗紀・宗城宛井伊直弼書翰」「逸事史補関係史料」の三章に採録された各史料の概要である。それでは、これらの史料概要から、伊達宗城の知られざる実像がどれほど明らかになるのであろうか。次いで、伊達宗城の隠居をめぐる新たな歴史的事実を各章ごとに紹介していきたい。

二　伊達宗城隠居関係史料

この章の四点の史料本文に記述された時期は、安政五年（一八五八）九月末から十一月末にかけてで、伊達宗城が宇和島藩主の隠居を覚悟し、実際に致仕する約二ヵ月間にあたる。

伊達宗城が、大老井伊直弼の督促を受けて、遠江守・侍従を致仕し、伊予守と改称したのは、安政五年十一月二十三日で、数え四一歳（以下、年齢は全て数えで表記）の時である。「叢書」第一集『井伊直弼・伊達宗紀密談始末』の刊行により、大老井伊直弼の伊達宗城への隠居督促は安政五年九月中旬から始まることがほぼ確定したが、実際に宗城が隠居の覚悟を決めた時期については判然としていなかった。

この章に掲載した「御退隠之件」と「掃部退引の議誘説の件」により、宗城が隠居を覚悟した時期は安政五年九月下旬であることが明らかとなった。宗城退隠に係る新たな事実といえるであろう。

なお、宗城の隠居は、「狡猾《こうかつ》」で「諂佞《てんねい》」（媚びへつらう）な行為により獲得した穏便な処断と松平慶永が『逸事史補』の中で糾弾したが、「叢書」第一集の解説で触れたとおり、宗城の隠居のみの軽い処罰は大老井伊直弼の井伊家と宇和島伊達家の姻戚関係に配慮した既定方針であった可能性が高い。しかし、だからといって、宗城は隠居を快く受け入れていたわけではない。内心は相当な不満がくすぶっていたことが、「御退隠之件」「掃部退引の議誘説の件」の文面から垣間見れる。このあたりの宗城の複雑な心境については、次章であらためて触れることとしたい。

また、宗城の突然の隠居は、国元でも大きな驚きをもって受け止められ、相当な混乱をきたした様子を、「大屋形様御退隠之件ニ就テ桜田外四家老ヨリ御小性頭ヘ贈リシ書翰」は如実に伝えている。嘉永年間（一八四八～五四）には、老中首座阿部正弘と直談判を行えるほどの親交を結び、その交誼を背景にして高知藩山内家と鹿児島藩島津家の難しい家督相続を円満に解決へ導いた宗城は、安政五年段階では「此侯［＝伊達宗城］ハ当時［＝安政五年四月］大広間諸侯中の巨擘《きょはく》［＝親指が転じて、頭目］」（日本史籍協会編『昨夢紀事』三、三二八頁）と評価されるまでになった（拙稿「安政年間の対外交渉と伊達宗城の修好通商策」、愛媛県歴史文化博物館編『研究紀要』第一八号所収を参照）。

徳川幕閣から深い信頼を獲得し、外様大藩の「巨擘《きょはく》」とまで称された宗城が、四一歳の若さで突如宇和島藩主を退隠すると知らされれば、国元の家老衆が「驚転之至奉《いたりたてまつり》レ絶二言語一」と驚きを隠さないのも至極当然な反応といえよう。

さらに家老衆が、多大な政治的影響力を保持したまま壮年で隠居した宗城に、引き続き宇和島藩政の舵取りを依頼したいと考えるのも無理からぬところがある。そのような雰囲気を伝えるのが、「家老へ下候大意」である。安政五年十一月下旬、伊達宗城は宇和島藩主の座を養嗣子の宗徳《むねえ》へ譲ったものの、慶応年間（一八六五～六八）まで藩政の実権を掌握する下地は隠居直後から形成されていたのである。

三　伊達宗紀・宗城宛井伊直弼書翰

この章の九点の書翰本文に記述された時期は、安政五年（一八五八）四月初旬から十一月末にかけてで、井伊直弼の大老就任から伊達宗城の藩主退隠までの八カ月弱である。

書翰①〜⑦の内容を見ると、井伊直弼と伊達宗紀・宗城父子は、直接顔を合わして、緊迫する内政や外交の諸問題について、真剣な意見交換を行う親密な間柄であったことがわかる。

具体的には、安政五年四月初旬から七月中旬にかけて、伊達宗紀・宗城父子は、桜田門外の井伊家上屋敷を折々に訪問して井伊直弼と緊密な話し合いを行い、その話し合いの内容を書翰のやり取りによってお互いに確認するという親交を結んだのである。

そして、三者の会合で取り上げられた案件は、詳細は判然としないものの、内大臣三条実万《さねつむ》と高知藩主山内豊信《とよしげ》との書翰交換の様子（書翰②）、江戸城への大名総出仕の日程をめぐる幕閣の意見対立と老中首座堀田正睦《まさよし》・老中松平忠固《ただかた》の評価（書翰③）、老中首座堀田と老中松平忠固の罷免情報（書翰④・⑤）、日米修好通商条約無断調印を詰問するため不時登城した名古屋藩主徳川慶恕《よしくみ》・前水戸藩主徳川斉昭《なりあき》・福井藩主松平慶永《よしなが》及び田安家当主徳川慶頼《よしより》・一橋家当主徳川慶喜の様子（書翰⑥）、将軍徳川家定の世子決定（和歌山藩主徳川慶福《よしとみ》）公表にいたる経緯説明（書翰⑥）、徳川斉昭「御慎」後の取り扱いを伊達宗紀・宗城父子へ一任（書翰⑦）といった緊要な機密事項ばかりであった。

このような井伊直弼と伊達宗紀・宗城父子の交誼は、これまでの通史で描かれてきた将軍継嗣をめぐる対抗関係の構図とは全く異なる実態といえる。それでは、なぜ伊達宗紀・宗城父子、特に宗城は、井伊直弼への政治的接近をはかったのであろうか。この問いに答えるのは簡単ではないが、嘉永・安政年間（一八四八～六〇）の宗城の政治動向に基づいて推測すると、宇和島藩伊達家初代藩主秀宗に彦根藩井伊家初代藩主直政の娘亀姫が嫁いだ姻戚関係を援用して、老中首座阿部正弘との間に形成された深い信頼関係を大老井伊直弼との間にも作り上げ、混迷する国政運営に自らの意見を反映させる政治的環境を引き続き確保しようと試みたのではないかと思われる。

そのような宗城の心情をうかがわせる井伊直弼宛書翰があるので、左に全文を紹介したい。

新晴難《がたく》レ耐候処、愈御清勝奉《たてまつり》二大賀一候、昨夕ハ拝趨仕《つかまつり》候処、依レ旧御懇篤御密話相伺、僕心緒も吐露愉快奉《たてまつり》レ存候得共、極々密々御痛心之一条相伺、退考仕《つかまつり》候而ハ、昨夜以来壱人寝食不レ安憂苦百層不レ可レ堪奉《たうたてまつり》レ存候、即席にも唐突申上候通《とおり》大御危難・眉燃之深患内天朝・外夷虜御輻湊天下之心目岌々乎《きゆうきゆうこ》［＝あやういさま］薄氷深渕も過去《すぎさり》候際、又加レ之廷内［＝幕閣内］云々《うんぬん》被レ為レ在候時ハ如何《いかが》之大危変可二相生一も不レ可レ量《はかる》、又不レ可レ救之勢相発可レ申哉《や》、此御一挙極《きわめ》而御大切と奉《たてまつり》レ存候間《あいだ》、御遠慮有二御坐一度《たく》、尤《もっとも》天下之有志解散ニも関係必定と奉《たてまつり》レ存候間《あいだ》、不二容易一御儀ニ而内外云々《うんぬん》之秋《とき》又閣内云々《うんぬん》と相成候而ハ万端瓦解之基《もとい》ニ可レ帰と存上候得ハ呉々《くれぐれ》も御熟慮有二御坐《（ママ）》一候、右申上候ハ神祖［＝初代将軍徳川家康］在天御霊も照覧可レ有二御坐一候、毫厘も私心差含候訳ニハ無レ之、天下之公議申上候段、不レ悪《あしから》御聞啓《ひらき》被二成下一度《たく》、尚御不審も候ハヽ、何時参殿愚衷可二申上一候、将又《はたまた》昨夜帰宅仕《つかまつり》候処、土佐［＝高知藩主山内豊信《とよしげ》］より投翰中別紙之通《とおり》三条殿［＝内大臣三条実万《さねつむ》］より焦慮之懇情申来候由《よし》密示御坐候間《あいだ》、賢考之御一助にも可二相成一と極密呈覧仕《つかまつり》候、尤《もっとも》他ニ不レ漏様仕《つかまつり》度《たく》、閣内ハ不レ苦候、閣下御上京も可レ有レ之哉《や》と注目之御様子ニ御坐候、何分乍《ながら》レ末

西城御一件［＝将軍徳川家定の世子問題］ハ於二京師一有志三条同意にも可レ有レ之歟《か》と遥察仕《つかまつり》候、愚夫か心底ハ是迄も申上昨夕陳論仕《つかまつり》候通《とおり》確乎不動ニ御坐候得共、是又曽《かつ》て私意主張申上候訳ハ毛頭無二御坐一候、天下之公論・天下之公〔希〕(抹消)〔願〕(加筆)ニ御坐候、御密話之通《とおり》被レ仰二

台慮［＝将軍の思慮］一御英断候段ハ無二是非一候得共、宮中之婦女

君側之軽輩好諱より

御英断と相成

朝野公平忠懇之至願泡沫ニ帰し候而ハ後来之〔□〕(抹消)御為如何《いかん》とも可二申上一様無二御坐一候条、乍《ながら》二繰言《くりごと》一

此上被レ竭《つく》二御鼎力一候様千祈万禱之外《ほか》無二他念一候、恐惶頓首

五月十四日

尚又御自玉専一奉《たてまつり》レ存候、御多擾とハ奉《たてまつり》レ存候得共、別紙柄殊ニ機密忌諱ニふれ候儀迄も申上候間《あいだ》、為二降心一即《すなわち》貴酬被二成下一度《たく》、昨夜ハ晩餐相味感銘申上候、已上

（保存会所蔵乙御書翰類黒一〇—七所収）

（史料中の「＝　」・網かけ・傍線・ルビ・返《かえり》点・読点・中点は筆者）

右に掲載した安政五年五月十四日付の井伊直弼宛伊達宗城書翰は、宗城が控えとして手持ちの用紙に記し、宇和島藩伊達家に残されたもので、日付けは書翰②と同日である。この書翰において宗城は、「大御危難・眉燃之深患」を徳川幕府と天皇・朝廷との関係、及び米欧諸国との対外交渉、とりわけ通商条約問題とした上で、緊要な懸案二点について自らの意見を井伊へ訴えている。

ひとつは、幕閣の人事に関する事柄で、具体的には老中首座堀田正睦と老中松平忠固の更迭問題と思われる。宗城は、堀田と松平忠固が罷免されることになれば、「如何《いかが》之大危変可二相生一も不レ可レ量《はかる》」る事態なので、現状の幕閣の体制が望ましいことを強調している。

ふたつ目は、将軍徳川家定の世子に係る問題で、高知藩主山内豊信《とよしげ》の来翰中にある内大臣三条実万《さねつむ》の「焦慮之懇情」を示して朝廷の有志は将軍世子に一橋家当主徳川慶喜を支持している状況を伝え、宗城自身も徳川慶喜を推す姿勢は「確乎不動」として、将軍世子には徳川慶喜がふさわしいことを井伊へ繰り返し説いている。

なお、この書翰と書翰②の文面を見ると、宗城は山内豊信《とよしげ》宛三条実万書翰を井伊へ手渡したことが明らかであるが、これは、三条の書翰により、朝廷は将軍世子に徳川慶喜を推す雰囲気であることを井伊へ知らせる宗城のねらいがあったのではないかと思われる。

いずれにしても、宗城は、国政の現状を見極めた上で、より妥当と考えられる選択を井伊へ示したのである。宗城は、それを「天下之公議」「天下之公論・天下之公〔希〕（抹消）〔願〕（加筆）」と表現する。宗城の記した「天下之公議」「天下之公論」は、「公議・公論」の先駆的な使用例として注目しなければならないが、ここでは、伊達宗城が客観的な状況を説明した上で、自らが適切と考える国政選択を井伊直弼へ訴えていたという事実を指摘しておきたい。

　ところが、宗城の直訴を受けた井伊は、老中首座堀田正睦と老中松平忠固を罷免（安政五年六月二十三日）し、和歌山藩主徳川慶福《よしとみ》を将軍世子とする（同年同月二十五日）決断を下した。結果として、宗城の訴えは全く無視されたのである。井伊は、井伊家と宇和島伊達家との姻戚関係に配慮して、幕閣の機密情報を伊達宗紀・宗城父子に提供し、両人の意見を聞く姿勢は見せたものの、その進言を国政運営に反映させることはなかった。

　それどころか、宗城が井伊に山内豊信宛三条実万書翰を手渡したり、朝廷の現状を詳しく説明したため、宗城と三条実万との情報交換の実態を井伊へ知らしめることとなり、「叢書」第一集の史料本文にあるとおり、後にこの事実が宗城を隠居に追い込む有力な理由づけにされてしまうのである。宗城は、井伊へ誠意を尽して提供した機密情報を、逆手に取られて煮え湯を飲まされる格好となり、その深い落胆と悔恨、そして抑え切れない憤怒の情は察しても余りある。

　この後は、前章で述べたとおり安政五年九月中旬から宗城に対する井伊の隠居督促が始まって、宗城は九月下旬に隠居を覚悟し、十一月二十三日に遠江守・侍従を致仕して伊予守と称するのである。安政五年九月中旬以降の書翰⑧・⑨から全く国政関連の記述がなくなるのは、井伊直弼と伊達宗紀・宗城父子との冷え切った関係を如実にあらわしているようである。

四　逸事史補関係史料

この章の五点の史料本文に記述された時期は、明治二十三年（一八九〇）一月下旬から三月下旬にかけてで、大日本帝国憲法発布後の第一回貴族院多額納税議員選挙及び衆議院議員選挙をひかえた約二ヵ月にあたる。

また、五点の史料の内訳は、「逸事史補ニ対スル弁明書」と表題のある封筒内に保管された「実際話」・「実際話概略」・「逸事史補追記」・「柳原前光書翰」の四点と「逸事史補修正之件」一点の構成である。

右の「逸事史補追記」・「柳原前光書翰」・「逸事史補修正之件」により、以下の事柄が明らかとなる。

① 松平慶永編著『逸事史補』を初めて閲覧した人物は、元福井藩士で明治十九年三月から二十三年五月まで東京帝国大学総長の職にあった渡辺洪基である。

② 『逸事史補』を借覧した渡辺は、その中に元老院議長で「親友」の柳原前光に係る記述が含まれていたので、『逸事史補』をさらに柳原へ貸し渡した。

③ 『逸事史補』を借覧した柳原は、その中に自分と舅の伊達宗城（宗城の娘初が柳原の妻）に係る全くの「訛伝」があったので、そのことを宗城へ報告した。

④　柳原の報告を受けた宗城は、「多年兄弟同様ニ相交候春岳兄如《ごとく》レ斯《かくの》相認《したため》ラレテハ後世遂《つい》ニ虚ヲ以テ実ト為スニ至ルヘシ」と憂慮し、明治二十三年二月二十七日、福井松平家へ『逸事史補』の修正を掛け合うよう宇和島伊達家家令某へ依頼した。

⑤　依頼を受けた宇和島伊達家家令某は、二月二十八日に福井松平家家令の武田正規と面会して、柳原と伊達宗城の「訛伝」に係る記述の修正を要請した。

⑥　要請を受けた武田は、三月二十二日、宇和島伊達家家令某と再度面会し、「右著述ハ修正致、差支《さしつかえ》不レ申候処丈《だけ》相残し可レ申旨相談之上決着仕《つかまつり》候間《あいだ》、何分宜敷《よろしく》御詫申上度《たく》、春岳《しゅんがく》より被二申聞一候」ことを宗城へ伝えてほしいと依頼を受けたので、宇和島伊達家家令某はその旨を宗城へ言上した。

七二歳となった伊達宗城は、元老院議長で娘婿の柳原前光から、『逸事史補』に記述された自身の隠居に係る「訛伝」の報告を受けて、三〇数年前の様子を思い起こして記録することとした。それが、「実際話」・「実際話概略」と思われる。

「実際話」・「実際話概略」は、三〇数年前の出来事とは思えないほど、安政五年の政治情勢や宗城の隠居に至る経緯を詳細に記した貴重な史料といえるが、自身の潔白を弁明する意図が働いているため、所々に事実と異なる記述が見受けられる。

その最たるものが、大老井伊直弼は伊達宗城への処罰など全く望んでおらず、これまでどおり「忠勤」に努めるよう実兄の大目付山口直信を通じて申し渡したとするくだりである。つまり、井伊は宗城に対して隠居など考えてもいなかったと言うのである。この点については、「叢書」第一集の史料本文・解説や本集のこれまでの説明が示すとおり、井伊は宗城に対する謹慎処分を想定していなかったものの、早期隠居を督促していたのは明らかである。

この事実と異なる宗城の証言によって、その後の、宗城は徳川斉昭・徳川慶恕・松平慶永・山内豊信らと同様な厳罰を望んだこと、養父の伊達宗紀からの勧めによって隠居という軽い処分を受け入れたこと、など誤った記載が連鎖する展開となる。

松平慶永編著『逸事史補』の伊達宗城隠居に係る記述は、確かに「訛伝」と言わざるをえない内容であったが、晩年に伊達宗城が残した弁明記録も事実と異なる記載を含んでいたため、後年の人々が宗城隠居の実相を究明する作業は相当な困難を伴ったのではないかと想像する。

なお、明治二十三年（一八九〇）三月下旬時点で、福井松平家家令の武田正規は、『逸事史補』の伊達宗城や柳原前光に係る「訛伝」部分を修正すると請け負ったものの、明治三十一年（一八九八）九月から翌年三月まで、『旧幕府』へ七回にわたって連載された『逸事史補』は修正のない原文の状態だったため、宗城の「後世遂ニ虚ヲ以テ実ト為スニ至ルヘシ」と懸念した事態が現実のものとなったのである。

【編集・校注者略歴】
藤田　正（ふじた・ただし）　愛媛県歴史文化博物館 学芸課長（初版発行時）
　昭和32年生まれ。日本大学大学院文学研究科博士後期課程退学。
主要著書・論文
『岩倉具視関係文書〈岩倉公旧蹟保存会対岳文庫所蔵Ⅰ・Ⅱ・Ⅲ〉』（共編、北泉社、1992～94年）
「明治初年の太政官制と『公議・公論』」（明治維新史学会編『講座 明治維新3－維新政権の創設－』所収、有志舎、2011年）
「安政年間の対外交渉と伊達宗城の修好通商策」（愛媛県歴史文化博物館編『研究紀要』第18号所収、2013年）他多数

【改訂者略歴】
仙波ひとみ（せんば・ひとみ）伊達事務所・公益財団法人宇和島伊達文化保存会
　昭和51年生まれ。博士（同志社大学）（文化史学）
主要著書・論文
「幕末政局のなかの天皇・朝廷」（明治維新史学会編『講座 明治維新2―幕末政治と社会変動―』所収、有志舎、2011年）
「『国事御用掛』考」（『日本史研究』520号、日本史研究会、2005年）
「水戸徳川家と宇和島伊達家―公益財団法人宇和島伊達文化保存会所蔵史料から―」（『茨城県史研究』99号、茨城県教育委員会、2015年）他

【宇和島伊達家叢書②】
伊達宗城隠居関係史料―改訂版―

2014年10月2日発行
2016年11月25日改訂版発行
監　修　公益財団法人 宇和島伊達文化保存会
編集・校注　藤田　正
改　訂　仙波ひとみ
発行者　橋本　哲也
発　行　有限会社　創泉堂出版
〒162-0808　東京都新宿区天神町64番　創美ビル2Ｆ
電　話・03-5225-0162
ＦＡＸ・03-5225-0172
印刷・製本　創栄図書印刷株式会社

ISBN978-4-902416-38-1　C3021　Printed in Japan